AKRES Publishing
Regionalhistorische Beiträge

Antje Rößler

Klaviere, Chöre und Kostüme

Eine kleine Musikgeschichte von Meiningen in Thüringen

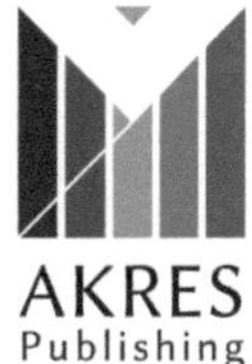

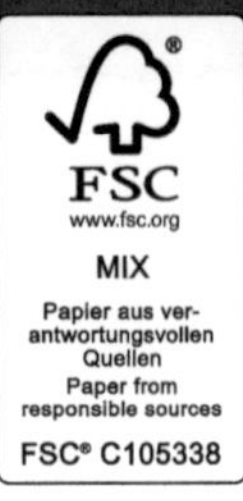

Antje Rößler
Klaviere, Chöre und Kostüme - Eine kleine Musikgeschichte von Meiningen in Thüringen

ISBN: 978-3-910347-18-2
ISBN E-Book (EPUB): 978-3-910347-20-5
ISBN E-Book (ePDF): 978-3-910347-19-9

1. Auflage 10/2023

Umschlaggestaltung: Matthias Leeck
Schrifttypen: Linux Libertine by SIL Open Font License 1.1
Vollständige Lizenzangaben im Abbildungsverzeichnis.
Herstellung und Verlag: AKRES Publishing
Remscheider Straße 45, D-42369 Wuppertal
Tel.: 0049 (0)202 5198830, Telefax: 0049 (0)202 2447651
E-Mail: info@akres-publishing.com

Besuchen Sie uns im Internet: www.akres-publishing.com

Bibliografische Information der Deutschen Nationalbibliothek:
Die Deutsche Nationalbibliothek verzeichnet diese Publikation in der Deutschen Nationalbibliografie; detaillierte bibliografische Angaben sind im Internet über http://dnb.ddb.de abrufbar.

Meinen wunderbaren Eltern, die mir ein Zuhause voller Liebe und Inspiration geschenkt haben

INHALT

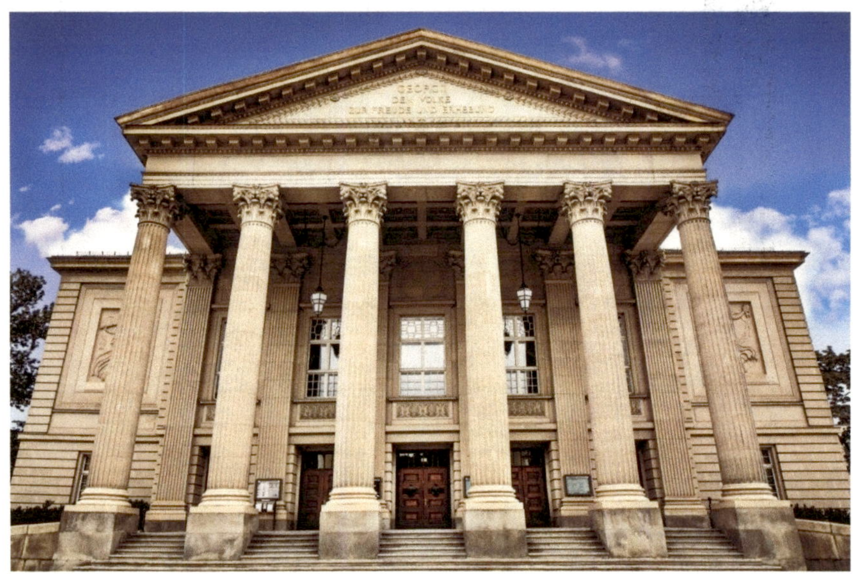

Staatstheater Meiningen

VORWORT

„Eine Reise nach Meiningen eröffnet stets die schönsten Aussichten...", schrieb Johannes Brahms im Jahr 1885 an den Herzog Georg II. von Sachsen-Meiningen. Immerhin 15 Mal besuchte der berühmte Komponist die kleine Stadt an der südlichen Sonnenseite des Thüringer Waldes.

Sein Hauptgrund war die Meininger Hofkapelle mit ihren genialen Dirigenten, einer der ältesten Klangkörper Europas, der schon unter einem Cousin des großen Johann Sebastian Bach eine Blütezeit erlebt hatte.

Brahms liebte die herrliche Landschaft des Werra-Tals und spazierte vor dem Frühstück gern durch die bewaldeten Hügel. Zu den „schönsten Aussichten" gehörte für Brahms aber auch die anregende, von starrer Etikette befreite Atmosphäre des Meininger Hofes. Dafür sorgten der „Theaterherzog" Georg II. und seine Frau Helene von Heldburg, die neben bedeutenden Schauspielern, Literaten, Naturwissenschaftlern und Baumeistern auch Komponisten wie Richard Wagner, Franz Liszt und Edvard Grieg nach Meiningen lockten. Unter Georg II. entwickelte sich Meiningen, mit Weimar und Bayreuth sich messend, zu einem Musenhof von europaweiter Ausstrahlung.

Am Meininger Hof gehörte Musik stets zum Alltag. Von 1681 bis 1918, unter allen elf Regenten und ihren Familien, wurden Musik und Kultur gefördert. Geht man heute durch die Stadt, begegnet man den Spuren großer Musiker auf Schritt und Tritt. In der Stadtkirche, im Schloss Elisabethenburg mit den Meininger Museen, im Theater, auf dem Friedhof und auch an zahlreichen Gedenktafeln, Skulpturen und Denkmälern. Bis heute begeistert Meiningen mit „schönsten Aussichten" in Natur, Kultur und Musik.

Antje Rößler, im Juni 2023

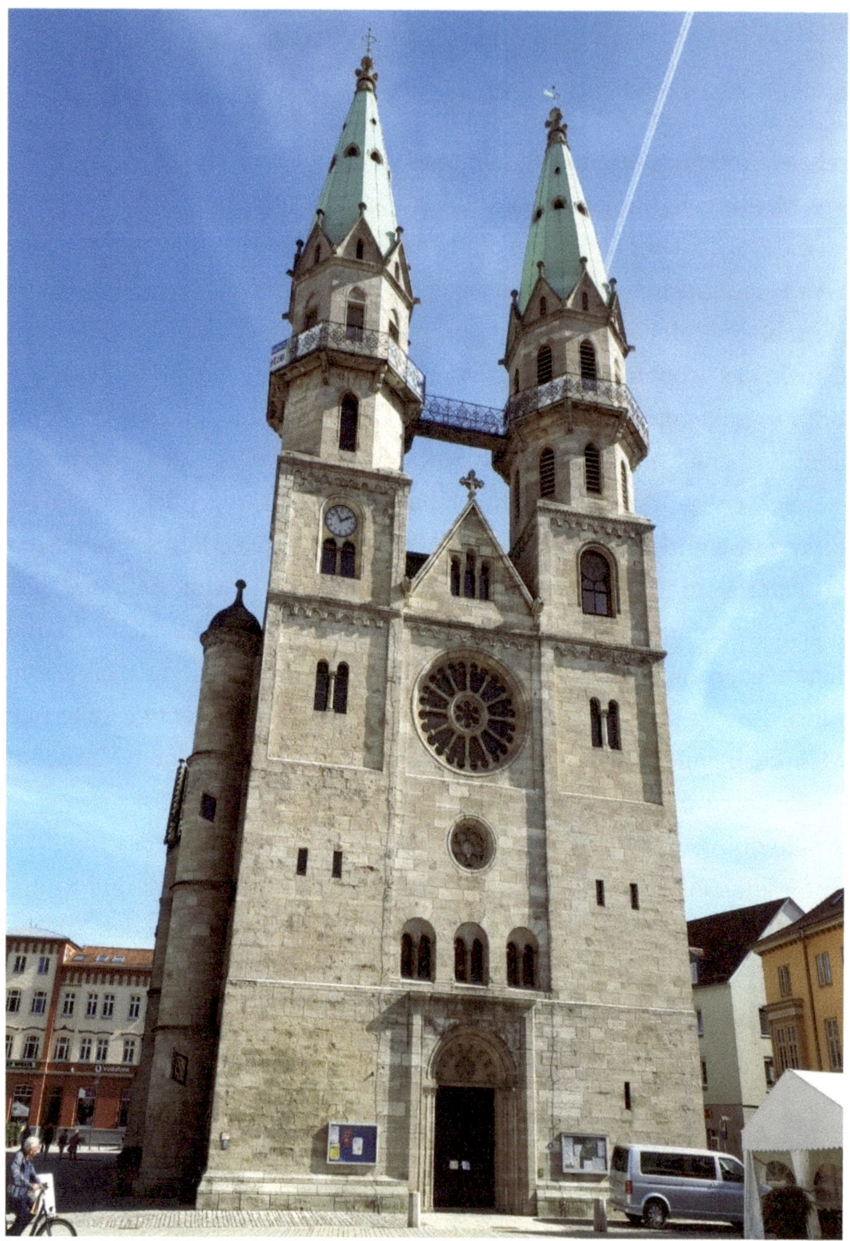

Stadtkirche

1. ENTSTEHUNG EINES MUSENHOFES

Meiningen ist mehr als tausend Jahre alt. Zuerst wurde die Stadt von den Würzburger Bischöfen, dann vom Geschlecht der Henneberger regiert. Aus dieser Epoche sind die mittelalterlichen Bleichgräben erhalten, die Reste der Stadtmauer sowie die Stadtkirche Unserer lieben Frauen, die heute als Meiningens ältestes Bauwerk ihren Doppelturm in den Himmel reckt. Ihre erste Orgel übernahm die Stadtkirche aus der Klosterkirche des Meininger Franziskanerklosters, das nach der Reformation aufgelöst wurde. Von einer Meininger Blütezeit um 1600 zeugen auch einige denkmalgeschützte Häuser mit prachtvollen Schmuck-Fassaden.
1680 machte Bernhard I., erstes Oberhaupt des neu gegründeten Herzogtums Sachsen-Meiningen, die Stadt zu seiner Residenz. An eine Residenz gehört Musik, befand der Herzog, und holte eine Handvoll Musiker und

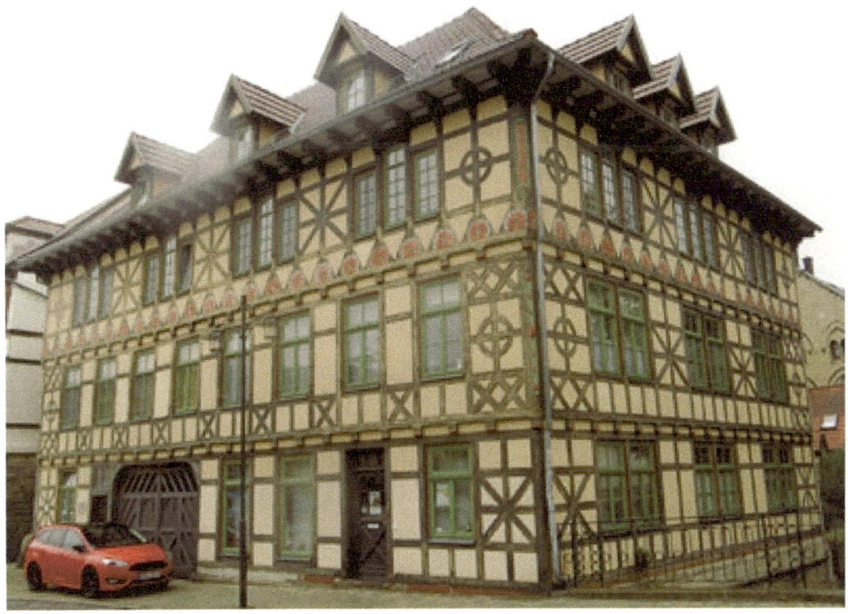

Ehemalige Obermühle

Sänger an seinen Hof. Als offizielles Gründungsdatum der Hofkapelle gilt ein Eintrag in das Rechnungsbuch im Herbst 1690.
Herzog Bernhard I. holte auch Georg Caspar Schürmann nach Meiningen, der zuvor am Braunschweiger Hof musiziert und eine Studienreise nach Venedig unternommen hatte. Der weltgewandte Sänger und Komponist baute zwischen 1702 und 1707 die Meininger Hofkapelle auf.
Aufsehen erregten 1703 die beiden Aufführungen seines Singballetts „Opfer der Zeiten der wahren Tugend", an denen sich drei Meininger Prinzessinnen, Damen und Herren des Hofstaats sowie Schürmanns Kompositionsschüler Johann Ludwig Bach an der Oboe beteiligten. Von Schürmanns in Meiningen entstandenen Kirchenkantaten, Opern und Balletten sind allerdings nur Bruchteile überliefert, darunter drei Pfingstkantaten.

2. DIE „BÄCHE“ VERERBEN IHR TALENT

Der Schürmann-Schüler Johann Ludwig Bach, Mitglied der verzweigten Musikerfamilie Bach und ein Cousin des großen Johann Sebastian, wurde als „Meininger Bach“ bekannt. Aus Thal bei Eisenach stammend, lernte er zunächst bei seinem Vater, dem ortsansässigen Organisten. Nach seiner Ausbildung im nahegelegenen Gotha kam er nach Meiningen, wo er zeitlebens bleiben und die Tochter des Bauinspektors heiraten sollte. Insgesamt 32 Jahre war Johann Ludwig Bach in Meiningen tätig, darunter von 1711 bis 1731 als Kapelldirektor.

Johann Ludwig war nicht nur ein talentierter Instrumentalist und Dirigent, sondern auch ein eifriger Christ. Es bekümmerte ihn, dass Bernhards Nachfolger, Ernst Ludwig I. von Sachsen-Meiningen, statt geistlicher Musik mehr das Theater und weltliches Vergnügen schätzte.

Herzog Ernst Ludwig war den Künsten zugewandt, er dichtete und komponierte Kirchenlieder, ließ regelmäßig Opern, Komödien und Ballette aufführen. Im Schloss, der 1692 vollendeten Elisabethenburg, gastierten nun regelmäßig Kompanien aus Eisenach, Braunschweig, Gotha oder Coburg.

Ernst Ludwig kümmerte sich intensiv um die Trauerfeierlichkeiten zur eigenen Beerdigung, die schließlich im November 1724 stattfinden sollte. Für diesen Anlass schrieb er einen ellenlangen Text. Hofkapellmeister Johann Ludwig Bach komponierte dazu eine dreiteilige Trauermusik für Gesangsolisten, Doppelchor und farbenprächtiges Orchester; sie gilt als das ehrgeizigste und ungewöhnlichste seiner erhaltenen Werke. Eine Abschrift wurde von der Fachwelt hundert Jahre lang für einen „echten Johann Sebastian“ gehalten.

Ansonsten sind von Johann Ludwig Bachs zahlreichen Instrumentalstücken und Kirchenmusiken nur wenige überliefert. Dass zumindest zwei Messen und rund zwei Dutzend Kantaten erhalten blieben, verdankt

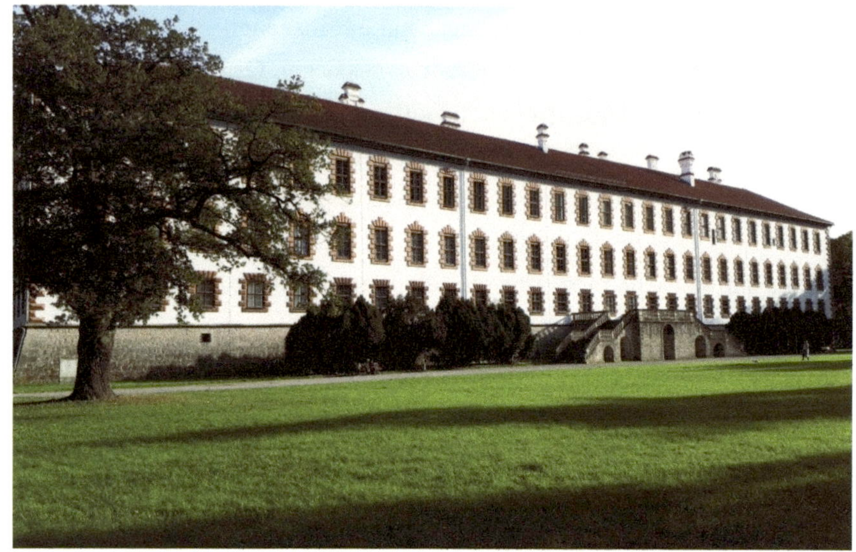

Elisabethenburg

sich Johann Sebastian Bach, der als Thomaskantor Abschriften der Werke seines Meininger Cousins anfertigte, um sie in Leipzig aufzuführen.
Das Meininger Musikleben blieb auch weiterhin in der Hand der „Bäche“. Johann Ludwigs ältester Sohn, Samuel Anton, studierte in Leipzig, was den engen Kontakt zur Familie Johann Sebastians förderte. Er wurde, wie auch später sein jüngerer Bruder Gottlieb Friedrich, Hoforganist in Meiningen.
Bei beiden Söhnen zeigte sich nebenher eine zeichnerische Begabung. Gottlieb Friedrich Bach wurde in Meiningen nicht nur Hoforganist, sondern auch Kabinettmaler. Dessen Sohn Johann Philipp Bach erbte die Doppelbegabung und beide Ämter. Im Schloss Elisabethenburg hängen etliche seiner Porträts von Mitgliedern des Meininger Herzoghauses und anderen Thüringer Fürsten.
Nicht weit vom Schloss, Schlossgasse 4, verweist eine Gedenktafel auf drei Meiningen „Bäche“. Das Gebäude, ein typisches Ackerbürgerhaus, wurde um 1750 von Gottlieb Friedrich Bach erworben und auch von seinen Nachfahren bewohnt.

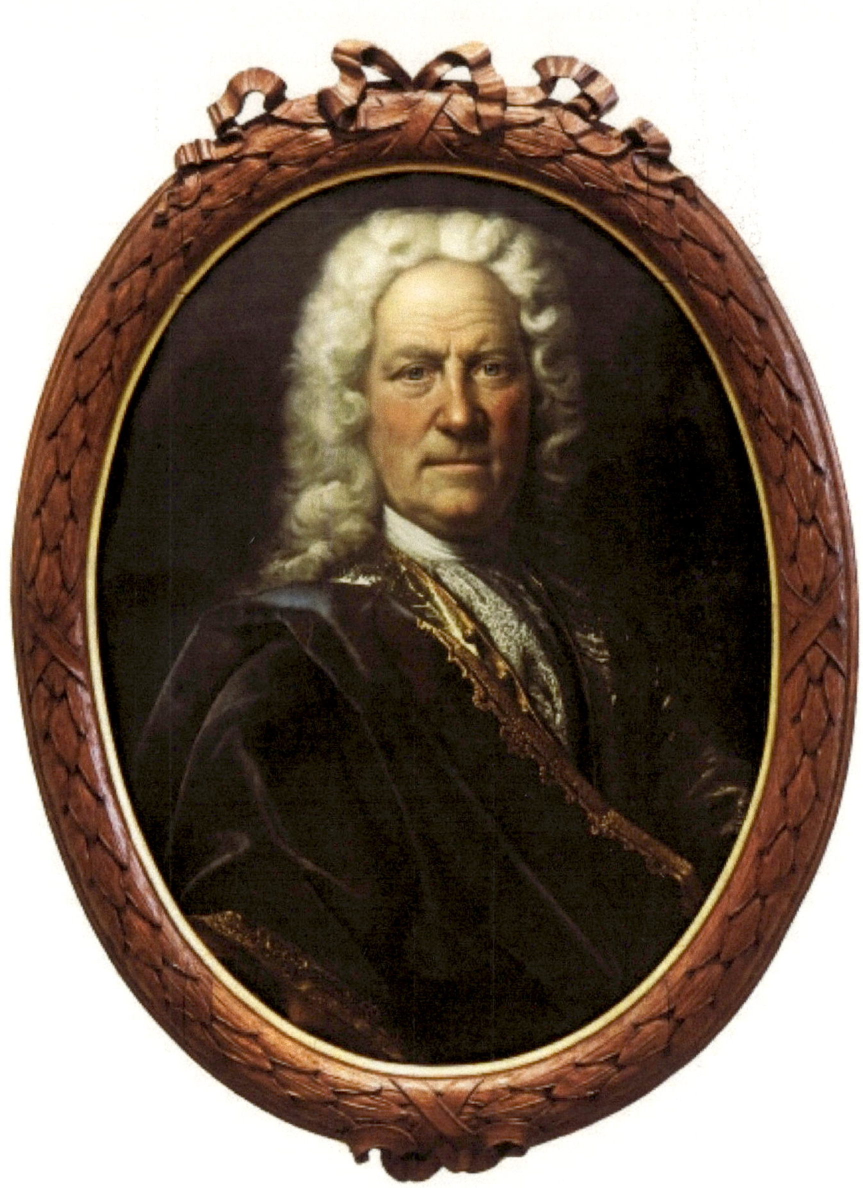

 Anton Ulrich von Sachsen-Meinigen

3. EIN ADLIGER MUSIKNARR: ANTON ULRICH VON SACHSEN-MEININGEN

Thüringen war in winzige Herzogtümer zersplittert, da in diesem Landstrich die Erbteilung üblich war. Die Kleinstaaten kompensierten ihre mangelnde Wichtigkeit durch einen hohen Stellenwert von Bildung und Kultur. Die Meininger Herzöge wetteiferten um kulturelles Prestige mit den Nachbarn in Coburg, Weimar oder Gotha. Ein Theater oder eine Hofkapelle zu unterhalten, war ohnehin preiswerter als Schlösser zu bauen, Schmuck zu sammeln, Rennpferde und große Armeen zu halten. Der Fürstensohn Anton Ulrich von Sachsen-Meiningen machte sich das Sammeln von Musikalien zur Herzensangelegenheit. Er hatte als fünftes Kind wenig Aussicht auf die Thronfolge; daher verdingte er sich beim Heer und heiratete – heimlich und nicht-standesgemäß – eine Haupt-

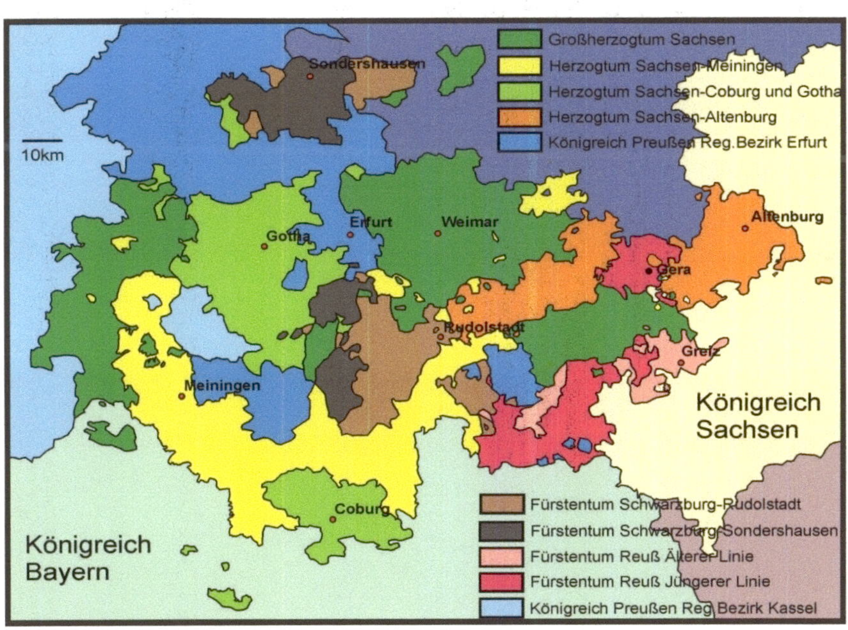

Landkarte Thüringen 1910

mannstochter. Um beim Kaiser die rechtmäßige Anerkennung der Ehe zu erreichen, reiste er ab 1724 mehrfach nach Wien.

In Wien nutzte Anton Ulrich jede Gelegenheit, Musik zu hören. Wenn ihm Stücke gefielen, ließ er die Noten für teures Geld kopieren, in Leder einbinden, mit Goldschnitt verzieren – trotz akuter Geldnöte im Hause Meiningen.

Im Laufe der Zeit schuf Anton Ulrich eine bedeutende Sammlung von fast dreihundert Kompositionen, darunter etliche Unikate, die nirgendwo sonst erhalten sind. Heute gilt sie als weltweit umfangreichstes Archiv barocker Vokalmusik. Als Teil der Musikgeschichtlichen Sammlung der Elisabethenburg umfasst sie acht laufende Regalmeter.

Spät und unerwartet, nach dem Tod seiner beiden Halbbrüder, kam Anton Ulrich schließlich doch noch auf den Thron von Sachsen-Meiningen.

4. REGES MUSIKLEBEN IM 18. UND FRÜHEN 19. JAHRHUNDERT

Das moderne, öffentliche und bürgerlichen Konzertleben zog in Meiningen schon recht früh ein. Am 14. März 1781 organisierten die ortsansässigen Freimaurer das erste öffentliche Konzert in ihrem Logenhaus. Im folgenden Winter wurden bereits 20 Konzerte veranstaltet. Bei Kammermusiken spielte Herzog Karl, Anton Ulrichs Sohn, das Cello; seine Gemahlin Luise die Harfe und sein Bruder, der mitregierende Herzog Georg, die Geige.
Ab 1782 ließ Herzog Georg I. den Englischen Garten anlegen, einen der ersten Landschaftsgärten Deutschlands. Die Orangerie im Zentrum bot die Möglichkeit für wöchentliche öffentliche Konzerte durch Mitglieder der Hofkapelle. Etliche der dargebotenen Harmoniemusikern stammen von Carl Andreas Göpfert, dem „Meininger Mozart". Göpfert war Klarinettist in der Hofkapelle, leitete die Harmoniemusik des Militärcorps und die Kurmusik in Bad Liebenstein, wo die Meininger Herzöge auf Schloss Altenstein ihre Sommerresidenz bezogen.
Wer im 18. Jahrhundert als Musiker an einem Hof im Dienste stand, aß ein hartes Brot. In der Rangordnung der Bediensteten standen die Musiker auf einer niedrigen Stufe. Und so konnte Carl Andreas Göpfert sein Talent nur gegen Widerstände entfalten. Weiterbildung wurde ihm verwehrt. Mehrere Bitten um eine Studienreise zum bewunderten Mozart nach Wien lehnte der Herzog ab.
Eine Blütezeit erlebte die Hofkapelle unter Johann Matthäus Feiler, der das Amt des Kapellmeisters 36 Jahre lang, von 1778 bis 1814, ausübte. Er leitete hochkarätige Opernaufführungen und rief Abonnementkonzerte ins Leben.
Später leiteten zwei Schüler des berühmten Geigers und Komponisten Louis Spohr das Orchester. Zunächst übernahm 1829 der komponierende Konzertmeister Eduard Grund den Dirigierstab.

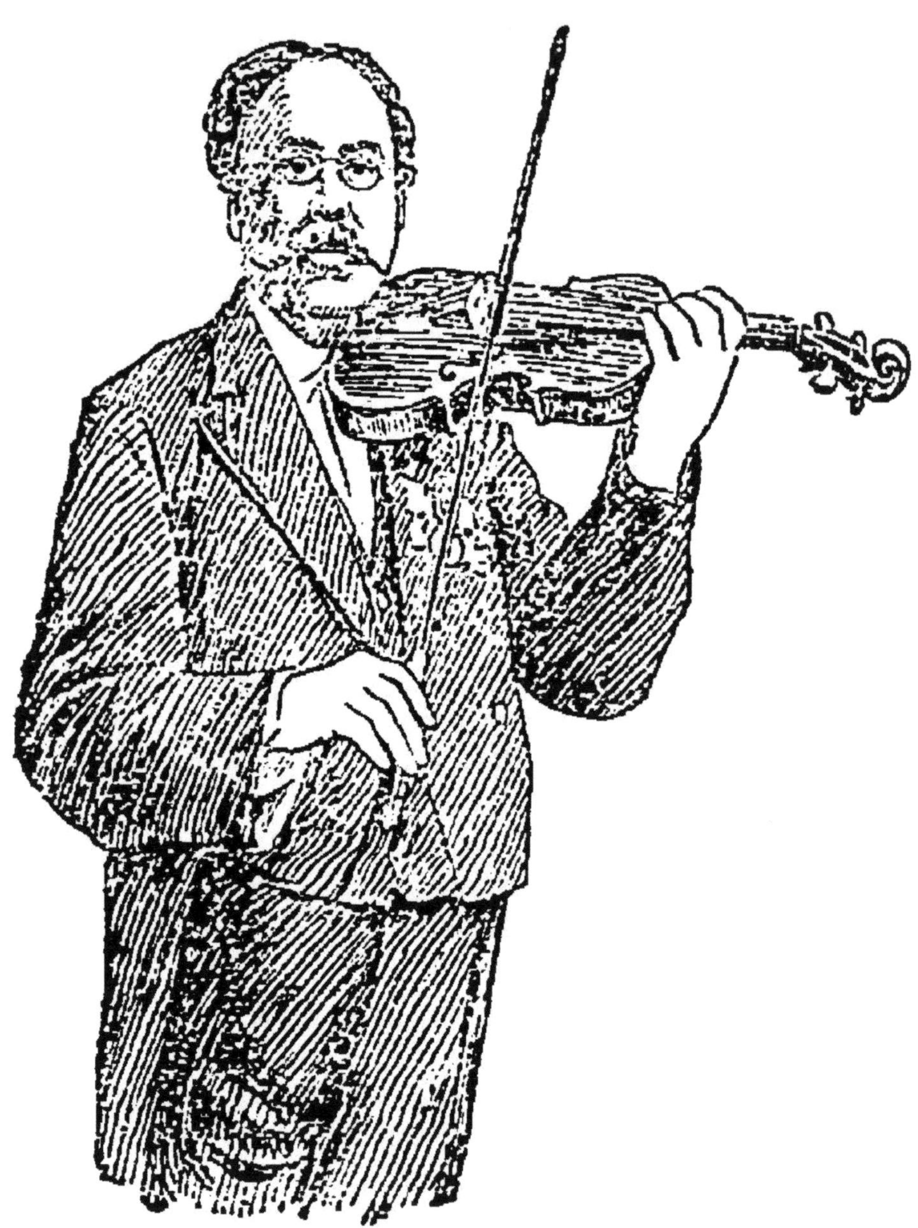

Jean Joseph Bott (1826-1895)

Inzwischen saß Herzog Bernhard II. an der Macht, der eigentlich die Oper und kammermusikalische Aufführungen im Schloss bevorzugte. Dennoch erkämpfte Eduard Grund einen festen Platz für große Sinfoniekonzerte und die Aufstockung der Kapelle auf 25 Musiker.

Der Geiger und Spohr-Schüler Jean Joseph Bott, stolzer Besitzer einer Stradivari, wurde 1857 Kapellmeister. Er heiratete die Tochter des Herzoglichen Landbaumeisters Heinrich Blomeyer. Der Baumeister errichtete für die Familie eine stattliche Villa in der Bernhardstraße 14, dem Hoftheater gegenüber.

Auf Bott folgte 1865 der Komponist Adolf Emil Büchner. Er veranstaltete zusammen mit Franz Liszt vom 22. bis 25. August 1867 die Tonkünstlerversammlung des „Allgemeinen deutschen Musikvereins" in Meiningen. Hunderte Komponisten, Musiker und Musiklehrer reisten an, konferierten und führten neue Werke auf. Die Konzerte gingen im Hoftheater oder in der Stadtkirche über die Bühne, aber auch im Kurhaus von Bad Liebenstein und auf Eisenacher Wartburg.

Die eigentliche Seele des Orchesters war zu jener Zeit der Konzertmeister Friedhold Fleischhauer, der auch Beziehungen zu Richard Wagner knüpfte und später als Konzertmeister in den ersten Jahrgängen der Bayreuther Festspiele im Orchestergraben saß.

Unterdessen war Thüringen im Deutschen Krieg von 1866 als Nebenkriegsschauplatz glimpflich davon gekommen; die Territorien der thüringischen Fürstentümer blieben weitgehend unverändert. In Sachsen-Meiningen kam es jedoch zu einem Umschwung, da Bismarck den Herzog Bernhard II. zum Abdanken nötigte, da sich dieser als einziger thüringischer Regent den Gegnern Preußens angeschlossen hatte. Nachfolger wurde am 20. September 1866 sein Sohn Georg.

In jenen turbulenten Wochen des Jahres 1866, als die Meininger befürchten mussten, ihr kleines Herzogtum würde von den übermächtigen Preußen eingenommen, entstand in den Gassen der Stadt ein Lied:

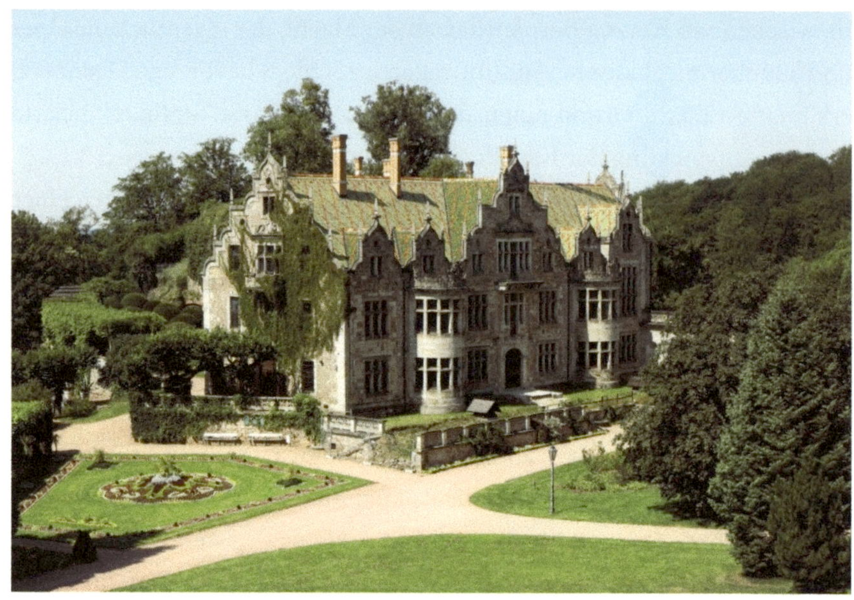

Schloss Altenstein

Lasst die Politiker nur sprechen
Ob Brandenburg, ob Österreich siegt.
Wir sind nicht Preußen, sind nicht Tschechen,
Wir sind neutral, wenn auch bekriegt.
Wir wollen Meininger stets bleiben.
Dies ist gewiss das beste Teil.
Mag Nord und Süden sich zerreiben,
Bei Meiningen ist unser Heil.

5. DIE QUEEN FINANZIERT EIN THEATER

Die Herzöge Bernhard II. und Georg I. verwandelten Meiningen in eine ansehnliche Residenzstadt, förderten das Schulwesen, gaben auch dem eigenen Nachwuchs eine exzellente Bildung und Erziehung mit auf den Weg. Die finanziellen Verhältnisse des kleinen Hofes blieben jedoch bescheiden.

Bereits seit 1774 gab es das „Herzogliche Liebhabertheater", das den Hauptsaal über der Schlosskirche in der Elisabethenburg bespielte. In dieser ersten dauerhaften Spielstätte der Stadt gastierten wandernde Truppen ebenso wie auf der Reitbahn oder im „Sächsischen Hof", dem ersten Haus am Platze. So kamen Mozarts Opern und beliebte Singspiele nach Meiningen.

Im „Sächsischen Hof", zentral zwischen Innenstadt, Theater und Englischem Garten gelegen, kehrten im Laufe von mehr als zwei Jahrhunderten viele illustre Gäste und berühmte Musiker ein. Sein Erbauer Georg I. plante von Anfang an nicht nur eine Herberge, sondern auch ein kulturelles Zentrum mit einem Festsaal für Bälle, Konzerte und Theateraufführungen.

Als 1803 Georg I. starb und der Thronfolger Bernhard II. gerade erst drei Jahre alt war, übernahm Bernhards Mutter, Luise Eleonore Herzogin von Sachsen-Meiningen, stellvertretend die Regierungsgeschäfte. 1820 wurde unter ihrer Regentschaft der Bau eines Hoftheaters mit 750 Plätzen beschlossen. Finanzielle Engpässe verzögerten das Vorhaben, das schließlich 1831 nur deshalb zum Abschluss kam, weil Adelheid von Sachsen-Meiningen, Luise Eleonores Tochter und inzwischen per Heirat Queen des Vereinigten Königreiches Großbritannien, ein Drittel der Kosten beisteuerte.

Adelheid hatte von klein auf Neigung zur Musik gezeigt, mit ihrer Mutter Konzerte besucht, Klavierunterricht erhalten. Von England aus nahm

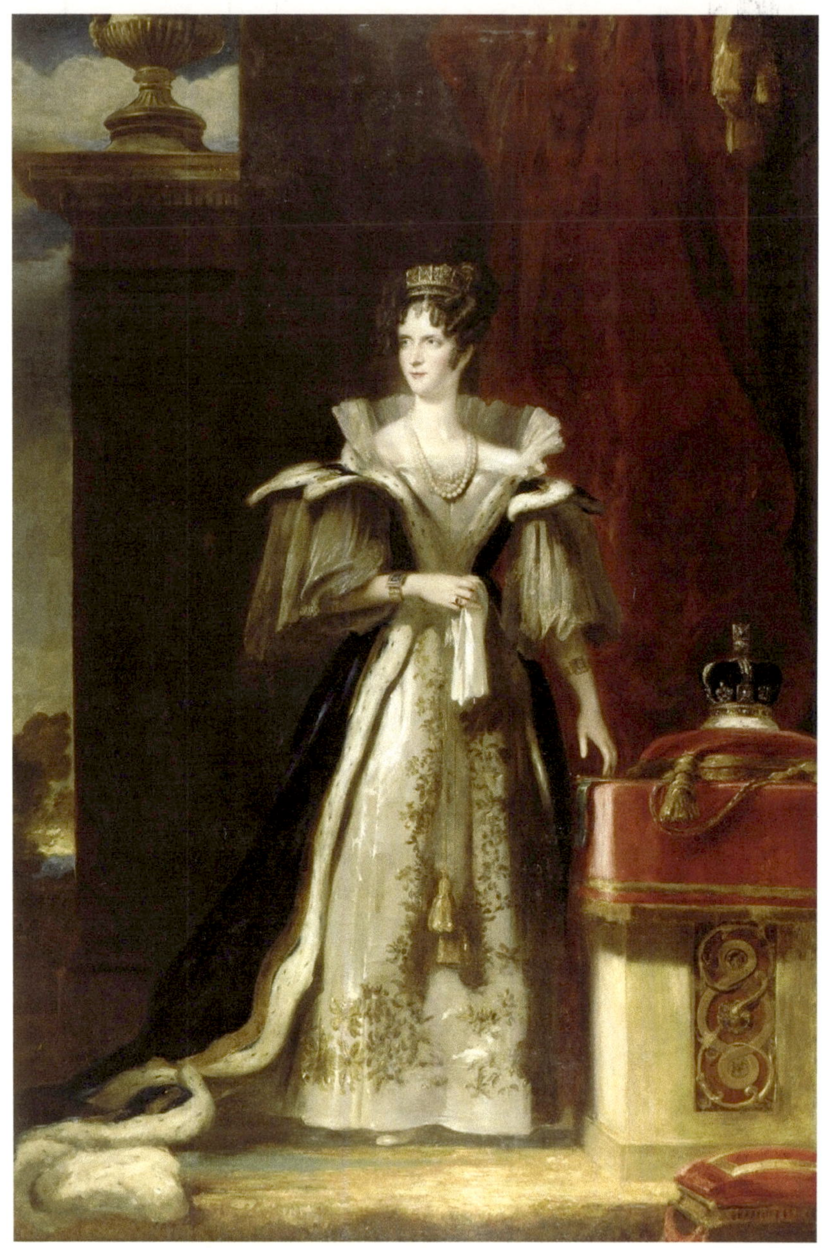

 Adelheid von Sachsen-Meiningen (1792-1849)

die „Queen Adelaide“ regen Anteil an der Entwicklung Meiningens, wo inzwischen ihr jüngerer Bruder Bernhard II. regierte.
Zur Eröffnung am 17. Dezember 1831 erklang im neuen Meininger Hoftheater Daniel-François-Esprit Aubers brandneue Pariser Erfolgsoper „Fra Diavolo“; unter Leitung des Kapellmeisters Eduard Grund.
Die Opernaufführungen wurden zunächst von wechselnden Theatergesellschaften bestritten, die für ein oder mehrere Jahre verpflichtet wurden und mit der Hofkapelle kooperierten. Beliebte Opern gingen in Meiningen 30 bis 40 Mal über die Bühne; von Lortzings „Zar und Zimmermann“ über Rossinis „Barbier von Sevilla“ bis zu Webers „Freischütz“.
Ein Schock für die ganze Stadt war der große Theater-Brand am 5. März 1908, der das Gebäude bis auf die Grundmauern zerstörte. Doch binnen 20 Monaten ließ Herzog Georg II. ein neues, modernes Hoftheater bauen. Bereits Ende 1909 wurde der neoklassizistische Bau eröffnet, mit elektrischem Strom, Beleuchtung und 740 Sitzplätzen.

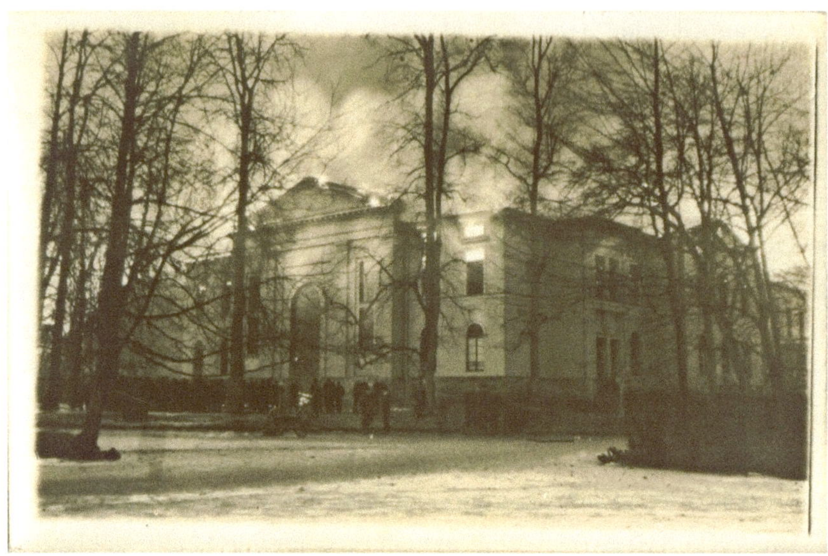

Theater-Brand am 5. März 1908

6. MÄRCHEN UND HEIMAT – LUDWIG BECHSTEIN UND DIE ROMANTIKER

„Wer nicht liebt Wein, Weib und Gesang, der bleibt ein Narr sein Leben lang“, schrieb Martin Luther auf der Wartburg. Diesen Leitspruch nahmen sich auch die romantischen Künstler zu Herzen, die sich gern in geselliger Runde vereinten. In der ersten Hälfte des 19. Jahrhunderts kam der Männerchorgesang auch im seit jeher sangesfreudigen Thüringen zu einer Blüte. Einzelne Chöre kamen zu Gesangsvereinen zusammen, die sich bei regionalen Liederfesten trafen.

Meiningens erster bürgerlicher Gesangsverein, die „Liedertafel“, wurde 1838 von Andreas Zöllner ins Leben gerufen, dem Zweiten Geiger in der Meininger Hofkapelle. Acht Jahre später gründete Zöllner mit seinem Freund Ludwig Bechstein und weiteren Gleichgesinnten den Henneberger Sängerbund, der Chöre des südlichen Thüringens vereinte und eine stattliche Anzahl von 11.000 Mitgliedern erreichte. Zöllner komponierte selbst rund dreihundert Männerchöre.

Zu jener Zeit wurden Märchen hoch geschätzt. Neben der Märchensammlung der Brüder Grimm stieß auch jene von Ludwig Bechstein auf großes Interesse. Bechstein kam 1801 als uneheliches Kind in Weimar zur Welt. Als Neunjähriger wurde er von seinem Meininger Onkel adoptiert, dem Forstwissenschaftler und Naturschützer Johann Matthäus Bechstein.

Ludwig Bechstein arbeitete zunächst als Apotheker, veröffentlichte aber bald literarische Arbeiten und seinen ersten Band mit „Thüringischen Volksmährchen“. Außerdem schrieb er Opernlibretti.

Bald wurde Herzog Bernhard II. auf den begabten Untertan aufmerksam und ermöglichte ihm ein Studium in Leipzig und München. Anschließend war Bechstein bis zu seinem Lebensende als herzoglicher Bibliothekar und Archivar in Meiningen angestellt. Zum Hofrat ernannt,

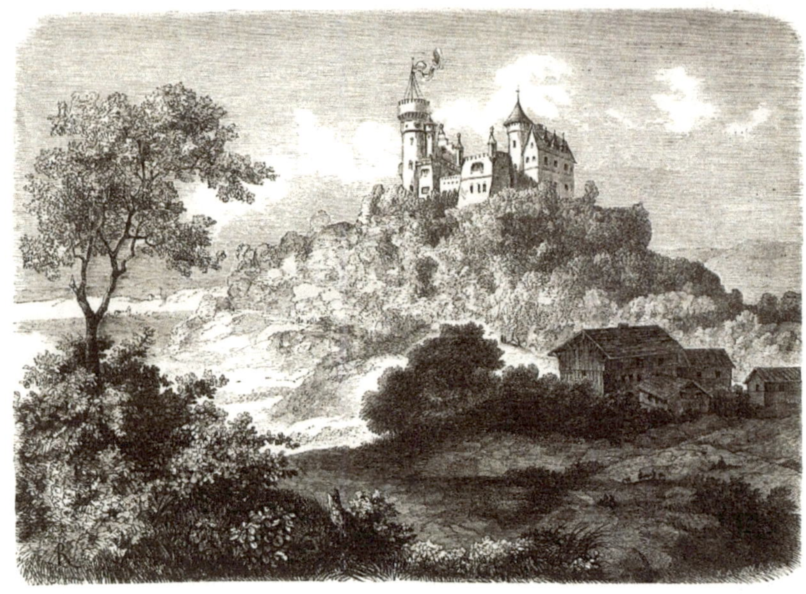

Der Landsberg bei Meiningen

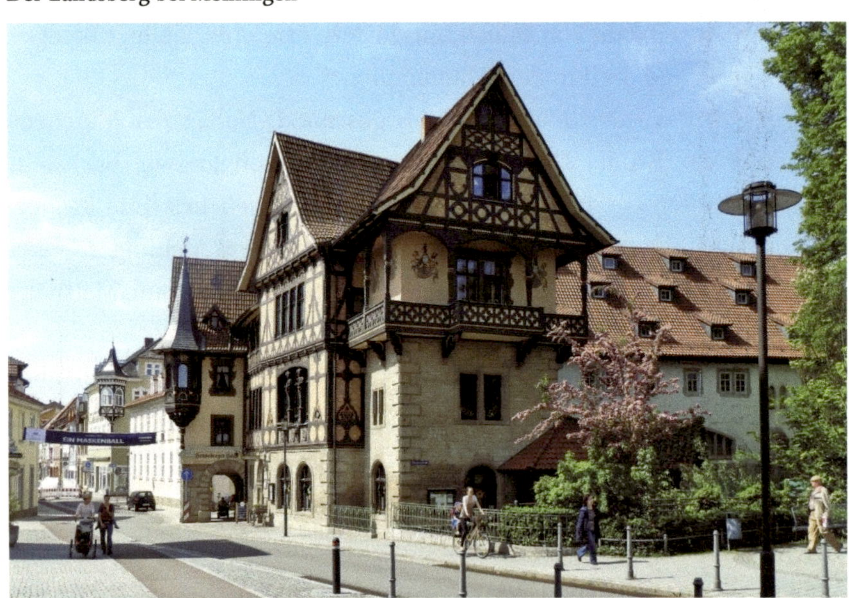

Henneberger Haus

zog er standesgemäß in ein zweistöckiges Bürgerhaus in der Halbestadtstraße, heute Neu-Ulmer Str. 1.
Bechsteins großes Interesse an Heimatkunde und Regionalgeschichte führte 1832 zu seiner Gründung des „Hennebergischen alterthumsforschenden Vereins“. Dessen Mitglieder trafen sich im Henneberger Haus, einem markanten Fachwerkbau mit Erkern und Spitztürmchen, der gleichsam den Eingang der Meininger Altstadt darstellt.
Bechsteins Sammeldrang erstreckte sich auch auf Musikinstrumente. Für den Verein besorgte er kostbare Raritäten, die den Grundstock der heutigen Meininger Musikinstrumenten-Sammlung bilden: eine Schamanentrommel aus Lappland, ein mittelalterliches Trumscheit aus Mitteldeutschland oder eine kostbare Renaissance-Laute aus dem Allgäu. Diese Instrumente sind heute in den Bibliotheksräumen der Elisabethenburg zu sehen, wurden doch die herzoglichen Bücher nach dem Zweiten Weltkrieg als Kriegsbeute von der sowjetischen Besatzungsmacht abtransportiert. Im Stadtbild erinnern zudem der Märchenbrunnen im Englischen Garten, das einstige Wohnhaus mit Gedenktafel sowie die Grabstätte auf dem Parkfriedhof an Ludwig Bechstein.
Wenige Jahre nach Bechsteins Tod entstanden in Meiningen die Verse für das beliebte Volkslied „Hoch auf dem gelben Wagen“. Sie stammen von dem Schriftsteller Rudolf Baumbach, der nach seinem Studium als Hauslehrer im Alpenraum tätig war und dann ins Meininger Elternhaus zurückzog. Heute befindet sich hier das Literaturmuseum. In der Grünanlage daneben steht ein Denkmal für Rudolf Baumbach.

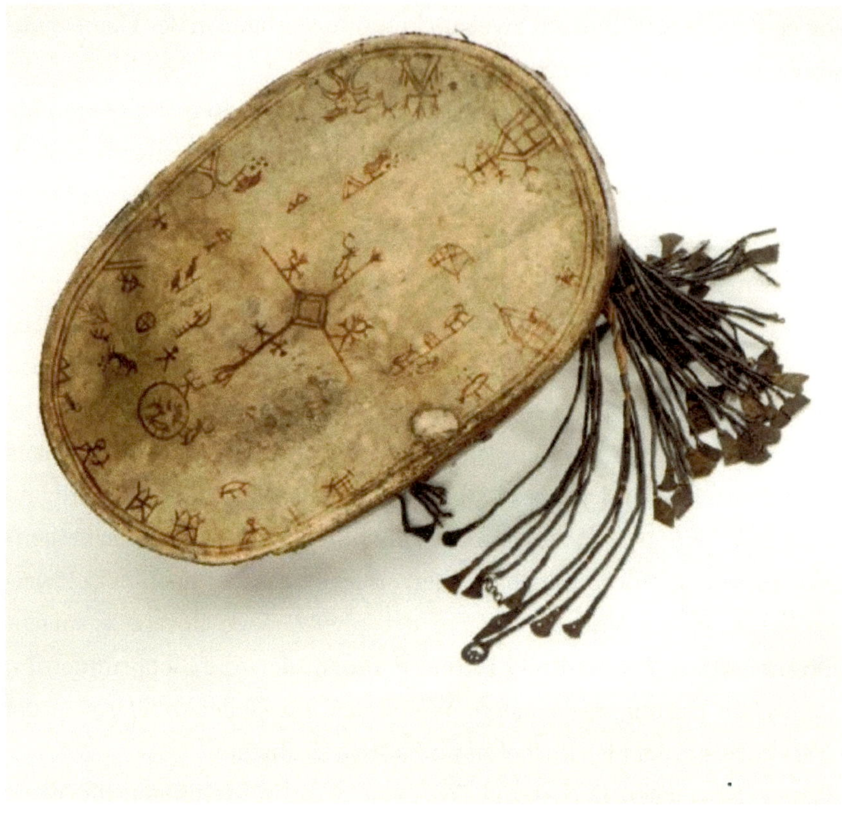

Samische Schamanentrommel

7. DER „THEATERHERZOG“ GEORG II. VON SACHSEN-MEINIGEN

Dass Meiningen Ende des 19. Jahrhunderts europaweit als kulturelles Zentrum von sich reden machte, ist vor allem Herzog Georg II. von Sachsen-Meinigen zu verdanken. Er sorgte in seiner langen Regierungszeit zwischen 1866 bis 1914 für eine geistig anregende und von starrer Etikette befreite Atmosphäre. Georg, der selbst als Maler und Pianist dilettierte, machte sein kleines Herzogtum zu einem liberalen Musterstaat. Er betrieb eine kluge Wirtschafts- und Sozialpolitik, führte eine ordentliche Verwaltung, förderte intensiv Theater und Orchester.
Vor allem dem Theater gehörte seine Leidenschaft, was ihm den Beinamen „Theaterherzog“ einbrachte. Hier betätigte er sich als Kulturpolitiker, Impresario, Regisseur und Bühnenbildner in Personalunion. Um seine Reformpläne umzusetzen, wandelte er Kapelle und Theater in sein Eigentum um, führte beides wie eine Firma, mit ehrgeizigen Führungskräften.
Der Grundstein für sein künstlerisches und politisch kluges Wirken wurde durch eine exzellente Erziehung und Ausbildung gelegt. Die Eltern, Bernhard II. von Sachsen-Meiningen und Marie von Hessen-Kassel, ließen Georg, neben der für den adligen Nachwuchs obligatorischen militärischen Ausbildung, in Bonn und Leipzig die Fächer Geschichte, Jura, Volkswirtschaft und Kunstgeschichte studieren.
Nach zwei standesgemäßen Ehen – die Prinzessinnen starben im Kindbett – ging Georg 1873 eine morganatische, also nicht-standesgemäße Ehe mit Ellen Franz ein, Schauspielerin am Meininger Theater. Sie stammte aus Berlin, hatte Klavierstunden bei Hans von Bülow genommen, war mit Cosima Wagner befreundet. Kurz vor der Heirat hob Georg II. sie als Helene Freifrau von Heldburg in den Adelsstand. Die beiden bezogen ihre Wohnräume im südwestlichen Bereich der

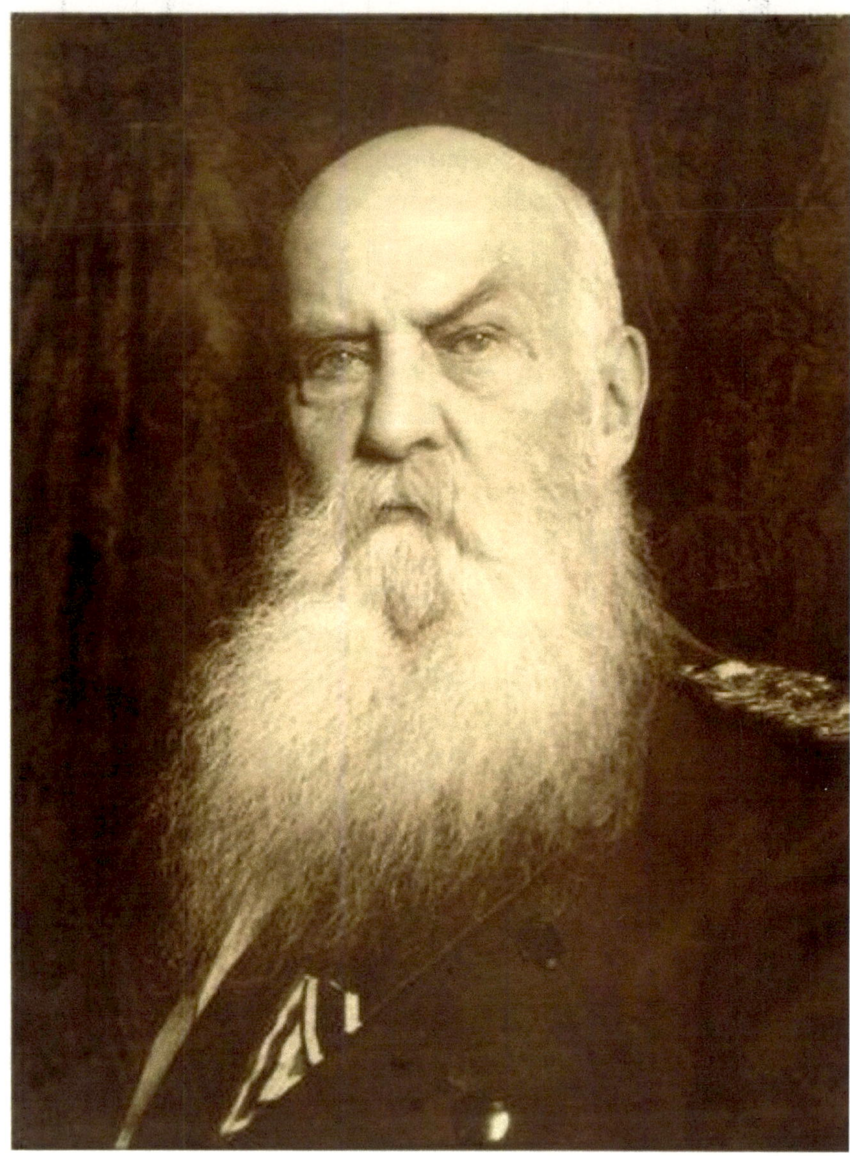

Herzog Georg II. von Sachsen-Meiningen (1826-1914)

Oberen Galerie von Schloss Elisabethenburg. In diesen Sälen bietet nun die Ausstellung „Meiningen – Musenhof zwischen Weimar und Bayreuth“ einen Einblick in die Meininger Musikgeschichte.

Mit der Freifrau von Heldburg und dem Regisseur Ludwig Chronegk als Theaterdirektor hatte der Herzog gleichgesinnte Gefährten gewonnen, um seine Theaterreformen umzusetzen. Die drei entwickelten die wegweisenden „Meininger Prinzipien“, die zur Grundlage des modernen Theaters wurden: Werktreue, zentrale Rolle des Regisseurs, professionell organisierte Ensemble-Arbeit statt Star-Allüren, ein fundiertes Gesamtkonzept bei Ablehnung von Kommerz und inhaltsloser Virtuosität, intensives Proben.

Die Ausstellung im Meininger Theatermuseum, das sich in der einstigen Reithalle befindet, vermittelt einen Eindruck von Inhalt und der europaweiten Ausstrahlung dieser Theaterreform. Kulissen und Kostüme aus Georgs Glanzzeit werden hier als kostbarer Fundus gehütet.

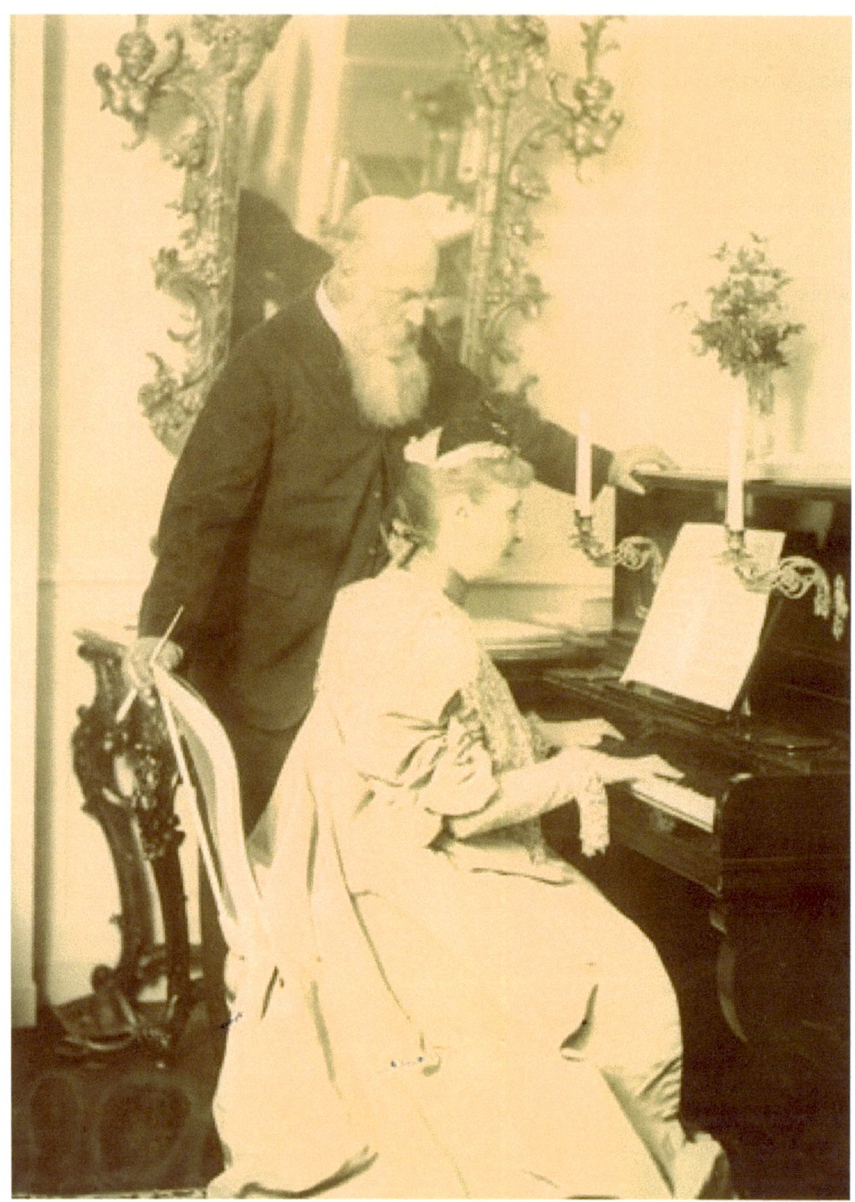

Herzog Georg II. mit Ehefrau Helene von Heldburg am Klavier

8. KONZERTE STATT OPER

Der Meininger Herzog wurde Gründungsmitglied der Deutschen Shakespeare-Gesellschaft und machte Meiningen zu einem deutschen Shakespeare-Mekka. Er verhalf aber auch der Hofkapelle zu einem Aufschwung, indem er großartige Dirigenten nach Meiningen holte: Hans von Bülow, Richard Strauss, Fritz Steinbach und Max Reger. So schuf er die Voraussetzung dafür, dass dieses Orchester in die Riege der führenden Klangkörper Europas aufrückte.

Als Konzertorchester konnten die Meininger umso mehr glänzen, da Georg II. die Opernsparte 1866 aufgelöst hatte. Auf der Bühne wollte er sich ganz auf die Reform des Schauspiels konzentrieren.

Von anstrengenden Opern-Diensten entbunden, erreichten die Musiker auf dem Konzertpodium ein neues Niveau. Das bemerkte auch Richard Wagner im 160 Kilometer entfernten Bayreuth. Als im August 1876 in Wagners neuem Theaterbau auf dem Grünen Hügel die ersten Festspiele stattfanden, saßen 26 Meininger Musiker im Graben.

Bereits als junger Mann war Herzog Georg II. ausgiebig durch Norwegen gewandert. Er hatte großen Anteil an der Verbreitung norwegischer Literatur und Musik in Deutschland. Dass er den norwegischen Komponisten Edvard Grieg förderte, war durchaus heikel, befürwortete Grieg doch eine republikanische Staatsform und galt deshalb als unerwünscht. Gleichwohl lud Georg den norwegischen Komponisten im November 1883 nach Meiningen ein. Im Sinfoniekonzert saß Grieg am Flügel, um sein Klavierkonzert aufzuführen. Am nächsten Tag spielte er gemeinsam mit Konzertmeister Friedhold Fleischhauer seine Zweite Violinsonate.

Das Stadtbild Meiningens prägte Georg II. auch, indem er am Berghang östlich des Stadtzentrums und der Bahnlinie den Parkfriedhof gestalten ließ. Unter zahlreichen Bäumen, zwischen geschwungenen Alleen und weiten Wiesen fanden zahlreiche Künstler ihre letzte Ruhe: der

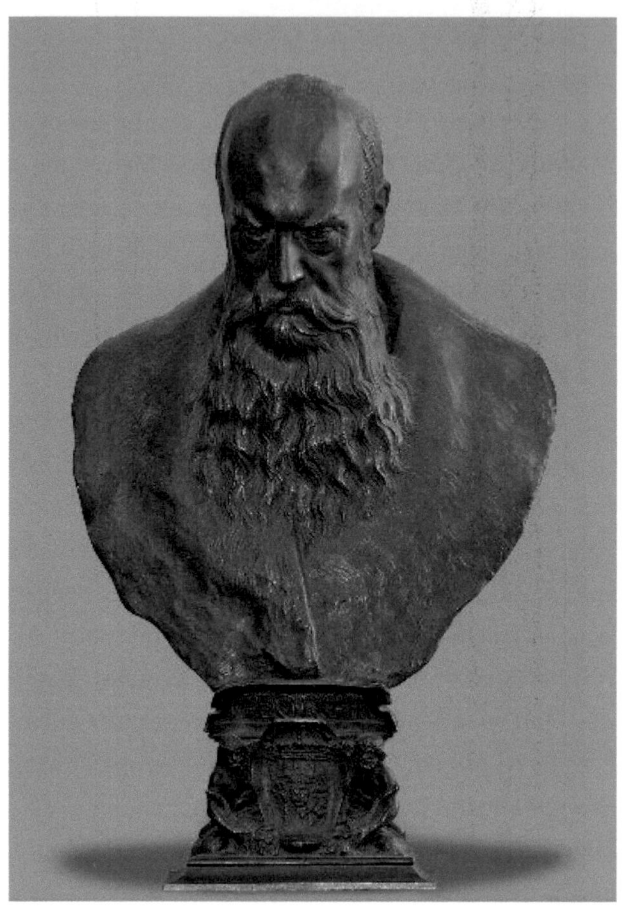

Büste Herzog Georgs II. von Sachsen-Meiningen

musikliebende Dichter Ludwig Bechstein, der Klarinettist Richard Mühlfeld oder der Komponist Günter Raphael.

Auch Georg II. und seine Helene von Heldburg haben hier ihre gemeinsame Grabstätte. Den Ausbruch des Ersten Weltkriegs hatte der „Theaterherzog" nicht mehr erlebt. Er starb am 25. Juni 1914, mit 88 Jahren. Drei Tage später, am Tag seiner Beisetzung, fielen die Schüsse in Sarajevo.

9. EIN STAR-DIRIGENT KOMMT: HANS VON BÜLOW

Ihren Höhenflug startete die Meininger Hofkapelle, als Hans von Bülow im Oktober 1880 die Leitung übernahm. Ein Jahr lang wohnte er im Sächsischen Hof. Dann bezog er ein elegantes Palais in der Charlottenstraße 4, nördlich des Englischen Gartens. Hier erinnert heute eine Gedenktafel an den Komponisten. Nach seiner Heirat mit Marie Schanzer, Schauspielerin am Meininger Hoftheater, bezog das Paar eine Wohnung im noblen Palais in der Sachsenstraße 16.
Hans von Bülow brachte frischen Wind und kosmopolitisches Flair in die südthüringische Residenzstadt. Während seiner fünf Meininger Jahre formte er ein Weltspitzenorchester aus der kleinen Hofkapelle.
Es war die Freifrau von Heldburg, die den Maestro nach Meiningen holte. Sie hatte in ihrer Berliner Jugend Klavierunterricht bei Bülow erhalten und sich mit dessen Ehefrau Cosima, der Tochter Franz Liszts, angefreundet. 1873 lud sie den einstigen Lehrer nach Meiningen ein. Das Herzogpaar wollte Beethovens Klaviersonaten hören, mit denen sich Bülow als Pianist großen Ruhm erworben hatte. Schon zwei Monate später kam Bülow erneut nach Meiningen, um erstmals die Hofkapelle zu dirigieren.
Bülow war Schüler von Franz Liszt und ein hochbegabter Pianist. Dirigieren hatte er bei Richard Wagner gelernt, der ihm jedoch seine Cosima ausspannte. Das Scheitern seiner Ehe brach Bülow das Herz. Fortan widmete er sich ausschließlich der Kunst, machte die Musikwelt zu seiner Familie.
Der anspruchsvolle Dirigent erkannte klar den Vorteil, der darin lag, dass der „Theaterherzog" die Opernsparte aufgegeben hatte. Denn als einzige Kapelle Deutschlands konnten sich die Meininger Musiker ausschließlich dem Konzert widmen.

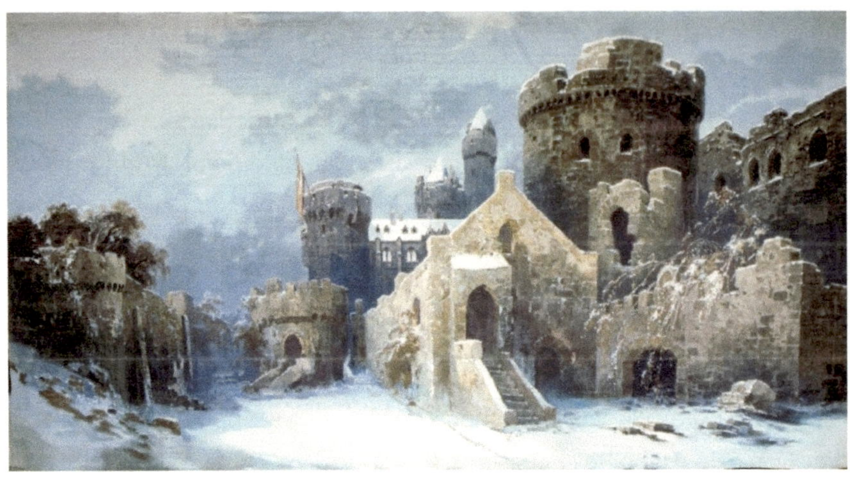

Bühnenprospekt „Hamlet“

Auf dem Gebiet des Konzerts machte sich Bülow die am Theater entwickelten „Meininger Prinzipien“ zu eigen, mit ihrer Betonung von Werktreue und Sorgfalt. Er vergrößerte das Orchester von 36 auf 50 Musiker, entwarf ein penibles Probensystem, verbesserte die Leistung durch akribische Detailarbeit und Präzision – Erfahrungen, die ihm später als erstem Chefdirigenten der neu gegründeten Berliner Philharmoniker zugutekamen.

In Meiningen entwickelte sich Hans von Bülow zum ersten Maestro im modernen Sinne – der nicht nur den Takt schlägt, sondern sich eine Komposition aneignet und interpretiert. Zudem reformierte er die Programmgestaltung, um sowohl die Instrumentalisten als auch das Publikum musikalisch zu bilden. Davon zeugt die Sammlung tausender Programmzettel in der Sammlung Musikgeschichte der Meininger Museen.

Als frisch ernannter Hofkapellmeister setzte Bülow zunächst auf Beethoven. Sechs Abonnementkonzerte lang bekam das Meininger Publikum keinen anderen Komponisten zu hören. Höhepunkt dieser

„Beethovenreise in 80 Tagen“ war das Weihnachtsgeschenk für das Herzogpaar: eine feierliche Aufführung von Beethovens Neunter Sinfonie mit der „Ode an die Freude“.
Später ging die Hofkapelle unter Bülows Leitung europaweit auf Tournee. Erfolgreiche Auftritte in Musikmetropolen wie Wien und Berlin festigten ihren Ruf als Spitzenorchester.
1994, aus Anlass des 100. Todestages Hans von Bülows, wurde am Meininger Theater das erste und einzige Bülow-Denkmal der Welt aufgestellt. Viele Betrachter fremdeln jedoch mit der Bronzeplatte des Berliner Bildhauers Gerhard Stötzer, die schemenhaft Teile einiger Musikinstrumente zeigt. Über die historische Bedeutung des genialen Pianisten, Dirigenten, Pädagogen erfährt man an diesem Ort nichts.
Seit 2012 wird in Meiningen alle drei Jahre der „Internationale Hans-von-Bülow-Klavierwettbewerb“ ausgetragen. Veranstalter ist seit 2021 das Max-Reger-Konservatorium Meiningen.

10. JOHANNES BRAHMS PROBT UND GEHT SPAZIEREN

Hans von Bülow war eng mit Johannes Brahms befreundet. Er lud den Komponisten nach Meiningen ein und überließ ihm die Hofkapelle zum Einstudieren der eigenen Orchesterwerke. Brahms nutzte das Ensemble als eine Art Labor, probte wochenlang, feilte an der Instrumentierung.
Zwischen 1881 und 1895 hielt sich Brahms fünfzehn Mal in Meiningen auf. Als Ehrengast des Herzogs wohnte er zunächst in einer Suite nahe der Freitreppe des Schlosses. Später überließ ihm der Herzog eine Wohnung im klassizistischen „Kleinen Palais" in der Bernhardstraße, das einst für die Prinzessinnen des Hauses Sachsen-Meiningen errichtet wurde.
„Eine kleinste Probe im kleinsten Meininger Saal ist mir persönlich wichtiger ist als jedes Pariser und Londoner Concert. Und wie wohl und behaglich mir inmitten der Capelle ist, darüber könnte ich ein langes, lautes Danklied singen", schrieb Brahms dem Herzogpaar. Als Dank für die Gastfreundschaft widmet Brahms dem Herzog seine Goethe-Vertonung „Gesang der Parzen" für Chor und Orchester.
Vor dem Frühstück ging Brahms gern ausgiebig spazieren. Nach seinen Tagebuchaufzeichnungen wurde in Meiningen ein zweistündiger Rundweg angelegt: Der „J"-Wegmarkierung folgend, geht es über Treppen und gewundene Pfade den Herrenberg hinauf bis zum Diezhäuschen, wo sich ein herrlicher Panoramablick ins Werra-Tal bietet.
Am 27. Oktober 1881 bejubelten die Meininger die Aufführung des Zweiten Brahms-Klavierkonzerts mit Bülow am Pult und dem Komponisten am Flügel. Die Hofkapelle spielte ebenfalls Brahms' Haydn-Variationen, seine Dritte Sinfonie und das Violinkonzert.
Vier Jahre später, am 25. Oktober 1885, dirigierte Brahms in Meiningen die Uraufführung seiner Vierten Sinfonie. Zunächst fürchtete der notorisch selbstkritische Komponist, sein neues Werk würde den Meininger

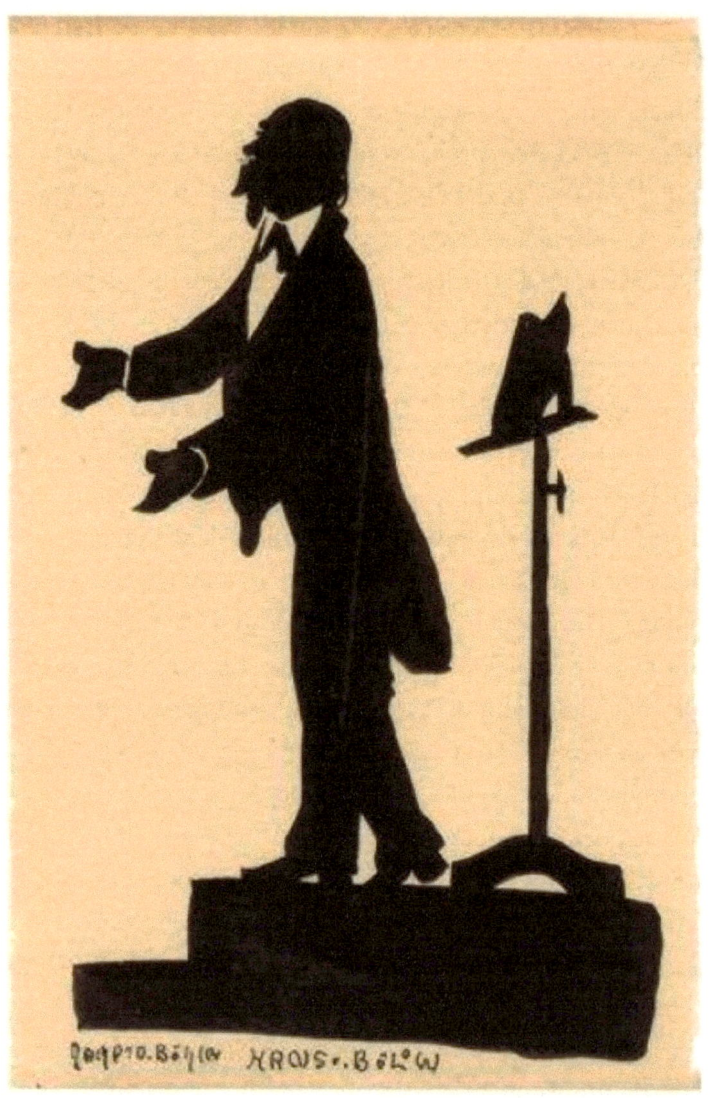

Scherenschnitt Hans von Bülow

Musikern missfallen. Doch schon in den Proben kam Begeisterung auf. Hans von Bülow lobte die „ganz neue Individualität“ und die „beispiellose Energie von a bis z“ in diesem Werk, mit dem Brahms zu einer wegweisenden neuen Form fand: Roter Faden durch das gesamte Stücks ist das kampfeslustige „Rittermotiv“, das in immer neuen Verwandlungen auftaucht.

Nach der Uraufführung ging Brahms mit der Meininger Hofkapelle auf eine Tournee durch das Rheinland und Holland, während der er seine Vierte Sinfonie neun Mal dirigierte.

Einen außergewöhnliches Einblick in Brahms‘ Privatleben bieten mehr als 30 Fotografien des Komponisten in der Meininger Sammlung im Schloss Elisabethenburg.

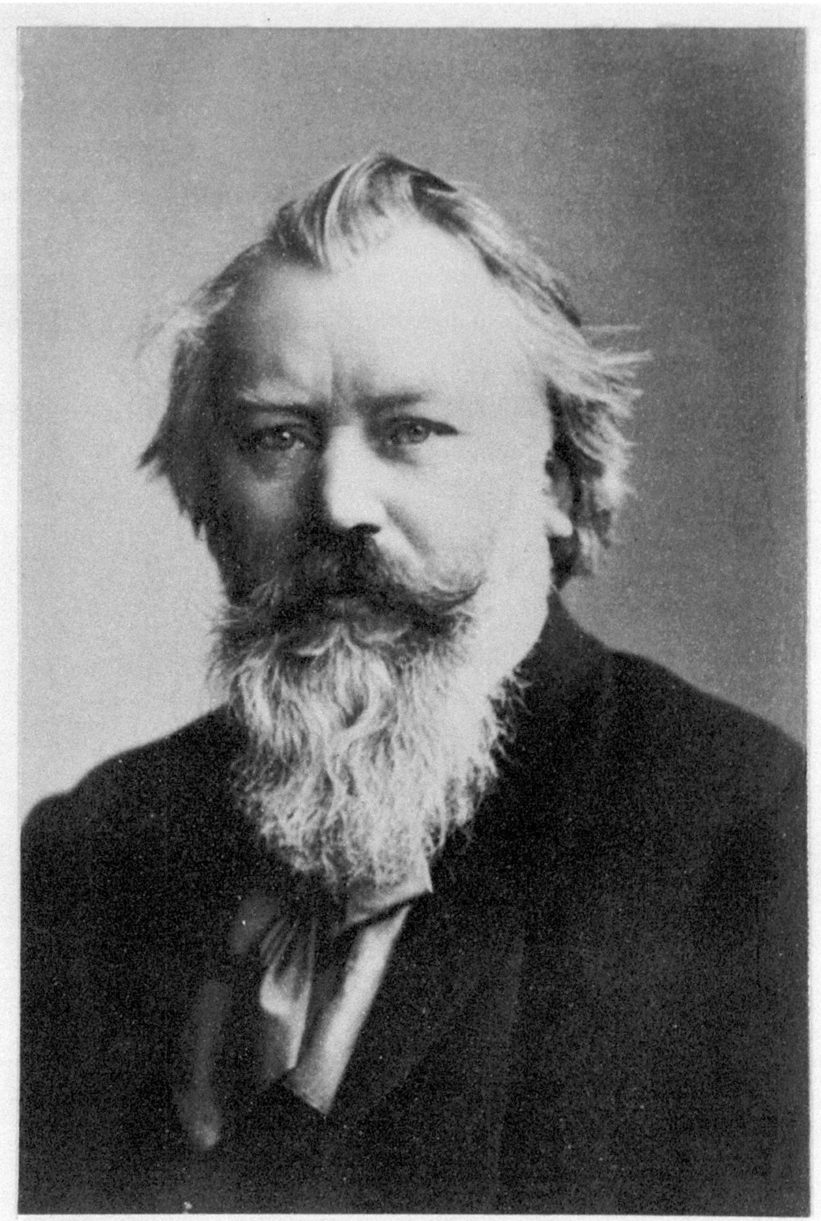

 Johannes Brahms

11. RICHARD MÜHLFELD ALS „FRÄULEIN KLARINETTE“

Seine Meiningen-Besuche behielt Brahms auch bei, nachdem Bülow am Pult der Hofkapelle kurzzeitig von Richard Strauss und ab 1886 von Fritz Steinbach abgelöst wurde. Im März 1891 plauderte Brahms bei einer Einladung des Herzogs mit dem Soloklarinettisten der Hofkapelle, Richard Mühlfeld, den er zuvor nur in Proben und Konzerten erlebt hatte. Die beiden werden enge Freunde.

Mühlfeld, der aus dem nahegelegenen Bad Salzungen stammt, begann als Geiger in der Hofkapelle. Das Klarinettenspiel brachte er sich autodidaktisch bei. „Er saß so lange am Geigenpult des Meiningischen Orchesters, bis er seine Kollegen eines Tages als der virtuose Klarinettist überraschte, zu dem er sich heimlich ohne Anleitung ausgebildet hatte“, berichtet der Brahms-Biograf Max Kalbeck.

Mit 58 Jahren hatte Brahms eigentlich beschlossen, das Komponieren aufzugeben. Doch die neue Freundschaft ließ ihn umdenken. Mühlfeld inspirierte ihn zu vier kammermusikalischen Meisterwerken für die Klarinette: einem Trio, zwei Sonaten und dem Klarinettenquintett op. 115.

Mit der ersten öffentlichen Aufführung dieses Quintetts, am 12. Dezember 1891 in der Berliner Singakademie, gelang Mühlfeld der internationale Durchbruch. Fortan machte der Meininger Musiker in den Konzertsälen von Wien bis London Furore. Er wurde der bekannteste deutsche Klarinettist seiner Zeit. In Meiningen wohnte er von 1892 bis 1896 in einem spätbarocken, weinrot verputzten Wohnhaus, dem heutigen „Ernestiner Hof“ in der Ernestinerstraße.

Sein Bruder Christian Mühlfeld sammelte die Konzertkritiken über den Klarinettisten. Immer wieder ist hier von vollendetem Wohlklang, einer beseelten Spielweise die Rede. Brahms nannte Mühlfeld wegen seines geschmeidigen Tons „das Fräulein Klarinette“.

Im Jahre 1900 instrumentierte Richard Mühlfeld die neue Landeshymne

des Herzogtums Sachsen-Meiningen, die bis zum Ersten Weltkrieg in Gebrauch war. Deren Text „Sachsen-Meininger, so heißen wir. Und bleiben wir in Treu“, hatte Ludwig Bechstein geschrieben. Die Melodie stammt von Herzog Bernhard II.
Mühlfelds Grabstätte, gestaltet 1909 von Reinhold Felderhoff, befindet sich auf dem Meininger Parkfriedhof. Die Konzertberichte gingen zusammen mit dem Nachlass seines Bruders in die Meininger Sammlungen über. Die Klarinetten des Musikers sind in einer Vitrine der musikgeschichtlichen Dauerausstellung in der Elisabethenburg zu sehen.

12. EIN KURZES INTERMEZZO MIT RICHARD STRAUSS

Als Bülows Meininger Stellvertreter Franz Mannstädt zum Leiter der Berliner Philharmoniker berufen wurde, wünschte er sich Richard Strauss als Nachfolger. Die Bedenken des Herzogs angesichts eines gerade mal 21-Jährigen konnten zerstreut werden: Strauss' Vater spielte im Münchner Hoforchester und hatte dem Knaben die Aufführungen erster eigener Orchesterstücke ermöglicht. Und so trat Richard Strauss im Oktober 1885 das Amt als zweiter Hofkapellmeister in Meiningen an. Hier geriet Strauss in das Umfeld des Geigers Alexander Ritter. Unter dessen Einfluss wurde Strauss zum glühenden Wagner-Anhänger und entwickelte antisemitische Ansichten.

Am Pult debütierte Strauss in Meiningen mit Brahms' Zweiter Sinfonie, woraufhin Bülow begeistert an einen Konzertagenten schrieb: „Er machte sich in jeder Beziehung vortrefflich. Schöne Carrière steht ihm bevor!" Die weitere Karriere verlief tatsächlich so rasant, dass Strauss wenige Monate später schon wieder Abschied von Meiningen nahm und als Dritter Kapellmeister an die Münchner Hofoper ging.

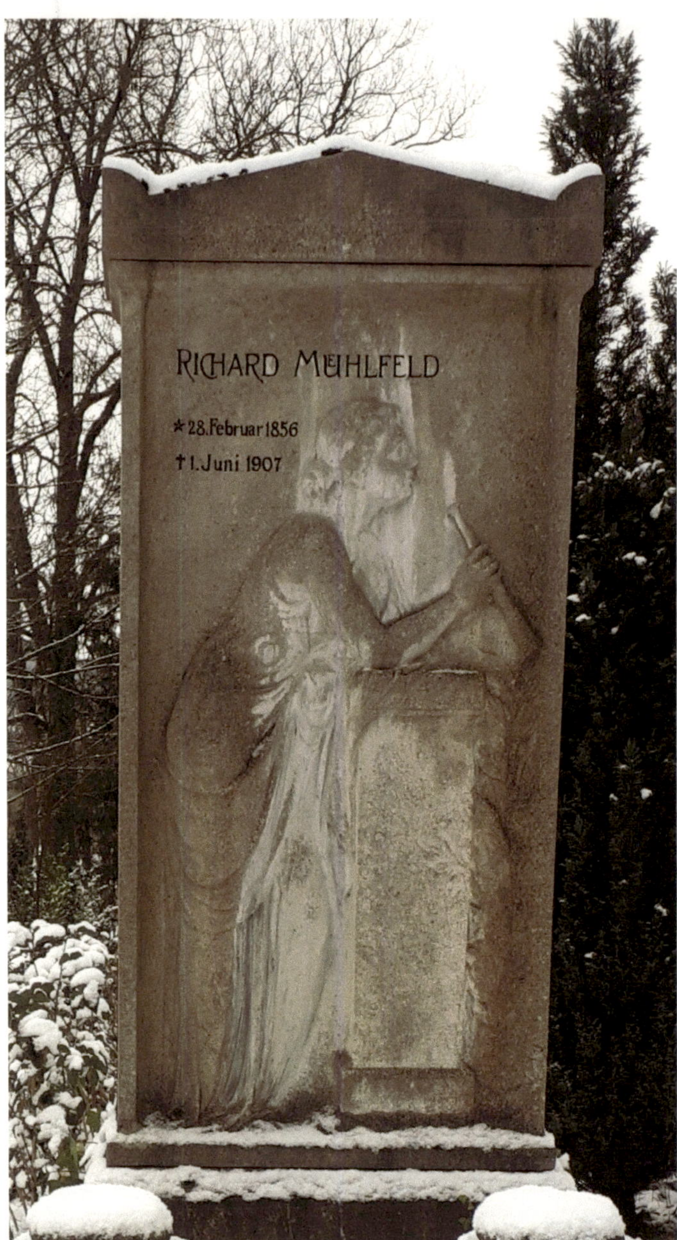

Grab von Richard Mühlfeld

13. MEININGEN WIRD ZUM BRAHMS-MEKKA

Auf Strauss folgte Fritz Steinbach, der 17 Jahre lang das Amt des Meininger Hofkapellmeisters innehatte. Steinbach entwickelte sich hier zum Brahms-Experten und begründete die bis heute andauernde Beliebtheit dieses Komponisten im Konzertsaal. Die unter Brahms und Steinbach benutzten, mit Anmerkungen versehenen Partituren der Brahms-Sinfonien sind ein großer Schatz der Musikabteilung der Meininger Museen.
Für die Aufführungen großer chorsinfonischer Werke mit bis zu fünfhundert Mitwirkenden zog Steinbach in die Stadtkirche „Unserer lieben Frauen", die mehr Platz bot als das Alte Hoftheater. Hier ging zum Beispiel 1890 die Meininger Erstaufführung von Bachs „Matthäuspassion" über die Bühne.
Wie bereits Bülow, festigte Fritz Steinbach auf internationalen Tourneen das hohe Ansehen der Hofkapelle. Während einer Bayern-Tournee 1887 war der Komponist und renommierte Pianist Eugen d'Albert als Solist dabei, der in Meiningen zum Herzoglichen Hofpianisten ernannt wurde. D'Albert trat mehrfach in Meiningen auf, auch als Dirigent und Pianist eigener Werke.
1895, mit Brahms als gefeiertem Ehrengast, sowie 1899 initiierte Steinbach Landesmusikfeste, die zu einem Mekka der Brahms-Anhänger wurden und Meiningen zum wichtigsten Zentrum der Brahms-Pflege in Deutschland machten. Auch die Errichtung des weltweit ersten Brahms-Denkmals leitete Steinbach in die Wege. Beim Landesmusikfest 1899, zwei Jahre nach dem Tod des Komponisten, wurde das Ensemble mit Büste, Steinbänken und Brunnen in Meiningens Englischem Garten aufgestellt. Zur Einweihung kamen berühmte Künstler wie Eugen d'Albert, der Geigenvirtuose Joseph Joachim.
Für Meiningen hatte Fritz Steinbach weitere große Pläne: Er wollte im Englischen Garten eine nach Brahms benannte Konzerthalle mitsamt

Konservatorium errichten. Als dieses Vorhaben misslang, ging er 1903 zum Gürzenich-Orchester nach Köln.
Zwischen 1903 und 1911 lenkte Wilhelm Berger die Geschicke der Hofkapelle. Der Sohn eines Bremer Musikalienhändlers war auch als Konzertpianist und Komponist erfolgreich. Er starb mit 49 Jahren an Magenkrebs. Seine stilistisch von Brahms beeinflussten Kompositionen gerieten bald nach seinem Tod in Vergessenheit. Seit rund zwei Jahrzehnten jedoch wächst das Interesse an Bergers Werken und seinem Nachlass, der in den Meininger Museen liegt.

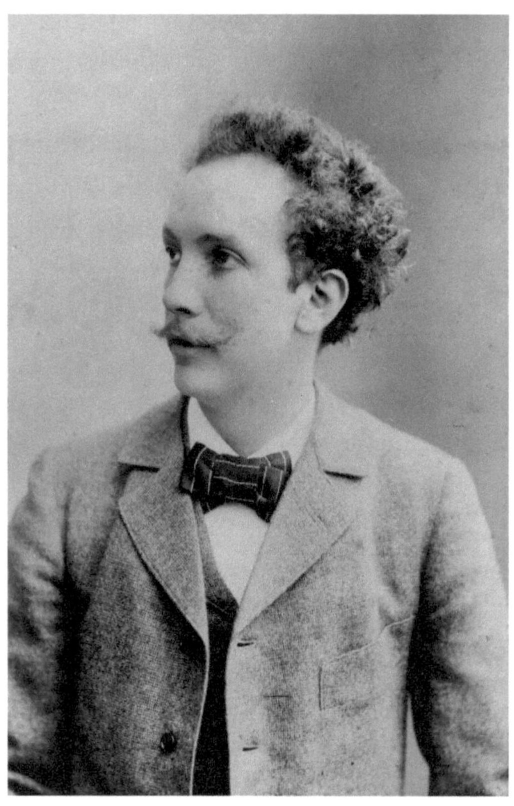

Richard Strauss

14. MAX REGER LIEBT „KLOß MIT SOß“ UND EINE ORGEL

Fritz Steinbach war nicht nur ein bedeutender Brahms-Dirigent, sondern machte sich auch um die Bach-Pflege verdient. Das erregte die Aufmerksamkeit des traditionsbewussten Dirigenten und Komponisten Max Reger, der feststellte: „Es gibt nur ein Orchester, das ich haben möchte. Meiningen."

Aufgrund seiner ärmlichen Herkunft als Sohn eines Dorfschullehrers in der Oberpfalz hatte es Reger schwer, sich als Musiker zu etablieren. Erst mit 30 Jahren konnte er heiraten und einen eigenen Hausstand gründen. Nach einigen Studienjahren in den Konservatorien im thüringischen Sondershausen und in Wiesbaden wurde Reger 1907 als Professor ans Leipziger Konservatorium berufen. Hier erlangt seine Kompositions-Meisterklasse einen exzellenten Ruf. In seinem eigenen Schaffen verlegt sich Reger auf große Orchesterstücke, die ihm den Ruf als bedeutendster lebender Komponist neben Richard Strauss verschaffen.

1911 kam Reger auf persönliche Einladung durch Herzog Georg II. als Hofkapellmeister nach Meiningen. Auch für ihn bildeten die Brahms-Sinfonien einen Schwerpunkt seines Repertoires. Vor allem aber sah Reger in der Hofkapelle eine Möglichkeit zur Verbreitung seiner eigenen Werke. Dafür benötigte er ein Orchester wie die Meininger, die äußerst nuanciert und facettenreich spielen konnten. Er probte mit den Musikern bis zum Umfallen und unternahm zahlreiche Konzertreisen mit dem Ensemble. Reger, der den Höhepunkt seines Ruhms erlangt hatte, beschrieb sein Leben als „wohnhaft in der Eisenbahn“.

Reger schrieb in seinen vier Meininger Jahren mehr als 60 Werke, darunter mehr als 20 stilistisch ganz unterschiedliche Orchesterwerke, zu denen ihn der tägliche Umgang mit dem exzellenten Meininger Klangkörper inspirierte. Seinem Dienstherrn, dem Meininger Herzog, widmet er das „Konzert im alten Stil“, mit dem er das höfische Barockkonzert wiederbelebt.

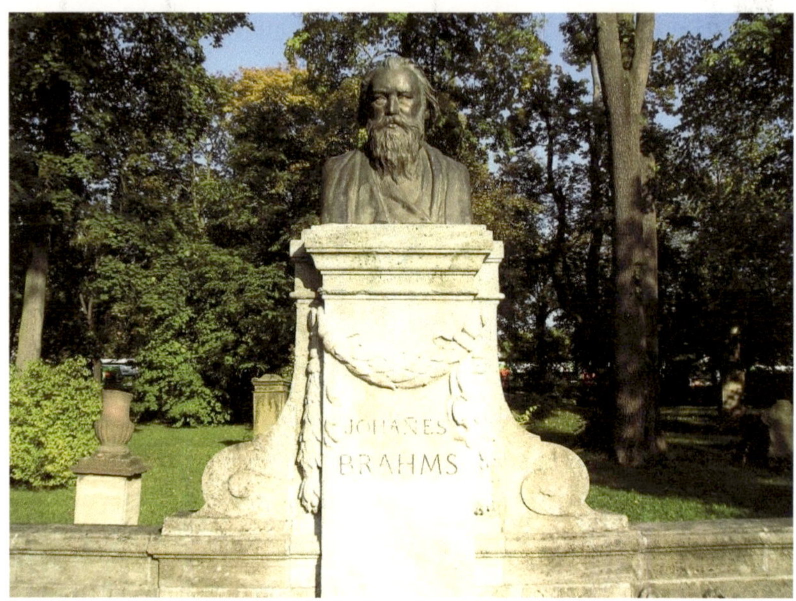

Denkmal für Johannes Brahms

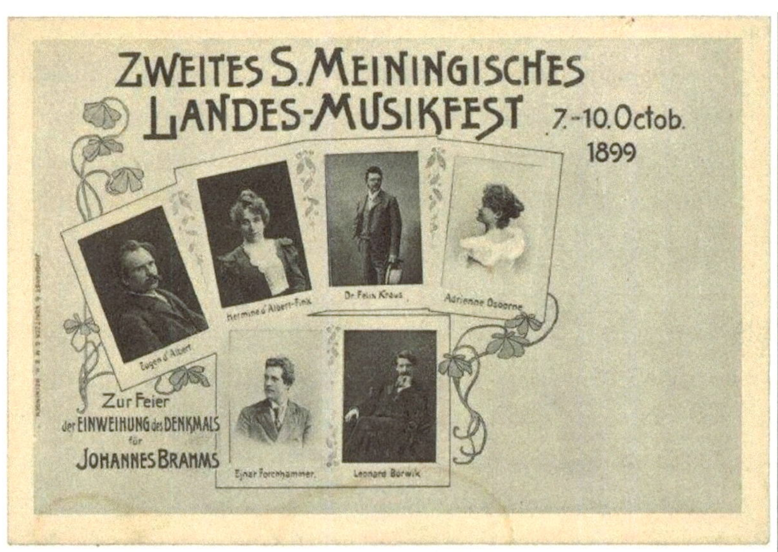

Postkarte Landesmusikfest

War Reger nicht auf Tournee, so verbrachte er in Meiningen zusammen mit seiner Frau Elsa die wohl schönste Zeit seines Lebens. Die beiden bewohnten, zusammen mit den adoptierten Töchtern Christa und Lotti, eine ansehnliche Villa am südlichen Rand des Englischen Gartens, Marienstraße 6. Reger war begeisterter Wahl-Thüringer. Er liebte „Kloß mit Soß“ und wählte als Stammlokal den „Goldenen Zwinger“ in der Zwingergasse 8, wo noch heute hausgemachte Klöße serviert werden. Der Komponist schwärmte zudem von den „Thüringer Mondnächten“, so dass ein Astronom der Sternwarte Jena einen Kleinplaneten nach ihm benannte.

Reger war auch ein ausgezeichneter Organist und komponierte zahlreiche Werke für die „Königin der Instrumente“. In Meiningen spielte er in der Stadtkirche, deren Orgel 1889 von der Würzburger Firma Martin Schlimbach & Sohn als „Schwalbennest“ unter die gotische Fenster-Rosette zwischen den beiden Türmen eingebaut worden war. Hier hatte schon Brahms musiziert und komponiert.

Unter dem Klangeindruck dieser Orgel schrieb Reger bedeutende Werke. Er wünschte sich eine Ergänzung um ein drittes Manual, was aber erst Jahre später umgesetzt werden konnte. 1932 wurde die erweiterte „Reger-Orgel“ vom Eisenacher Kantor und späteren Thomaskantor Erhard Mauersberger eingeweiht.

Da lebte Reger, der sein unmenschliches Pensum nur mithilfe von viel Nikotin und Alkohol durchhielt, schon längst nicht mehr. Nach einem Zusammenbruch musste er sein Meininger Amt im April 1914 aufgeben; blieb aber zunächst als freischaffender Musiker in der Stadt. Bei Kur-Aufenthalten in Meran und am Chiemsee widersetzte sich Reger dem ärztlich verfügten Arbeitsverbot und komponierte seine „Mozart-Variationen“, die sein populärstes Orchesterstück werden sollten.

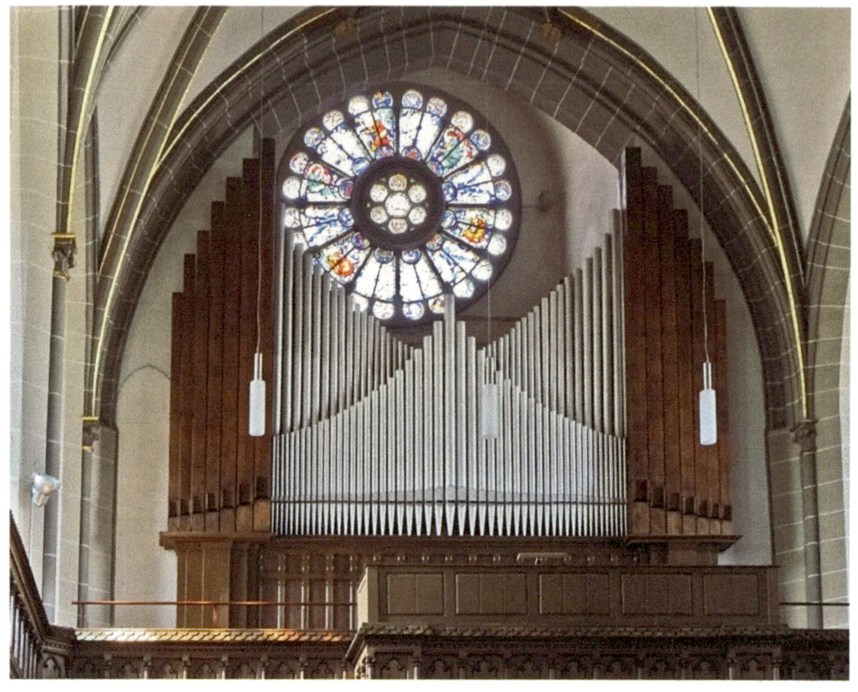

Die Meininger Reger-Orgel

Gewidmet sind sie der Meininger Hofkapelle. Schließlich zog Reger nach Jena. Bald hetzte er wieder durch die Konzertsäle und zum wöchentlichen Unterricht nach Leipzig. Am 10. Mai 1916 starb er nachts in einem Leipziger Hotel an Herzversagen.

1937 wurde in Meiningens Englischem Garten ein Reger-Denkmal eingeweiht. Dass Reger Meiningen so liebte und hier bedeutende Werke schuf, veranlasste seine Witwe Elsa, der Stadt den Nachlass des Komponisten zu übergeben: Das Max-Reger-Archiv der Meininger Museen umfasst Einrichtungsgegenstände, zwei Blüthner-Flügel, die Hausorgel des Komponisten, 26 Notenhandschriften, mehr als 50 Dirigierpartituren, tausende von Briefen und Postkarten.

Die berühmte Reger-Orgel in der Stadtkirche wurde beim Bombenangriff am 23. Februar 1945 stark beschädigt. In der DDR konnte sie aus finanziellen Gründen nicht saniert werden. Seit 1994 tönt die Orgel wieder in alter Klangpracht.

Den Namen Max Reger trägt auch die Meininger Musikschule, die 2021 zum Konservatorium erweitert wurde und in die denkmalgeschützte Villa des Bankiers und Kulturmäzens Gustav Strupp zog. Die kulturelle Tradition der Villa wurde auch in der DDR weitergeführt, als hier die Veranstaltungen des Kreiskulturhauses „Artur Becker“ stattfanden.

15. DER ERSTE WELTKRIEG – DAS ENDE EINER ÄRA

Am 25. Juni 1914 starb der „Theaterherzog“. Eine Ära geht zu Ende. Helene Freifrau von Heldburg, die Gemahlin des Herzogs, muss als morganatische Ehefrau das Schloss verlassen. Als Witwensitz bezieht sie das trutzige „Helenenstift“ am Herrenberg oberhalb der Werra.
Kurz nach Kriegsausbruch versuchte Bernhard III., ältester Sohn des „Theaterherzogs“, das Theater und die Hofkapelle aus Kostengründen abzuschaffen. Es kam zu heftigem Protest, so dass zumindest die 33 festangestellten Musiker unter Vertrag blieben. Als 1918 die Weimarer Verfassung in Kraft trat, wurden die höfischen Kulturinstitutionen in die Republik überführt. Die Meininger Hofkapelle hieß nun „Landesorchester“ und ging in den Besitz des Landes Thüringen über.
Es waren harte Zeiten. Auf dem Gebiet der Oper muss Meiningen mit dem Landestheater Coburg kooperieren. Im Sommer touren die Musiker als Kurorchester durch die Heilbäder, um sich ihren Lebensunterhalt zu verdienen.
Bergauf ging es, als 1919 der Steinbach-Schüler Peter Schmitz als Kapellmeister berufen wurde. Er bot regelmäßig Sinfoniekonzerte an und lud mehrfach Siegfried Wagner als Gastdirigenten ein, den Sohn Richard Wagners und Leiter der Bayreuther Festspiele. Mit der Unterstützung Bayreuth-erfahrener Gastsolisten lief 1922/23 erstmals ein kompletter „Wagner-Ring“ in Meiningen.

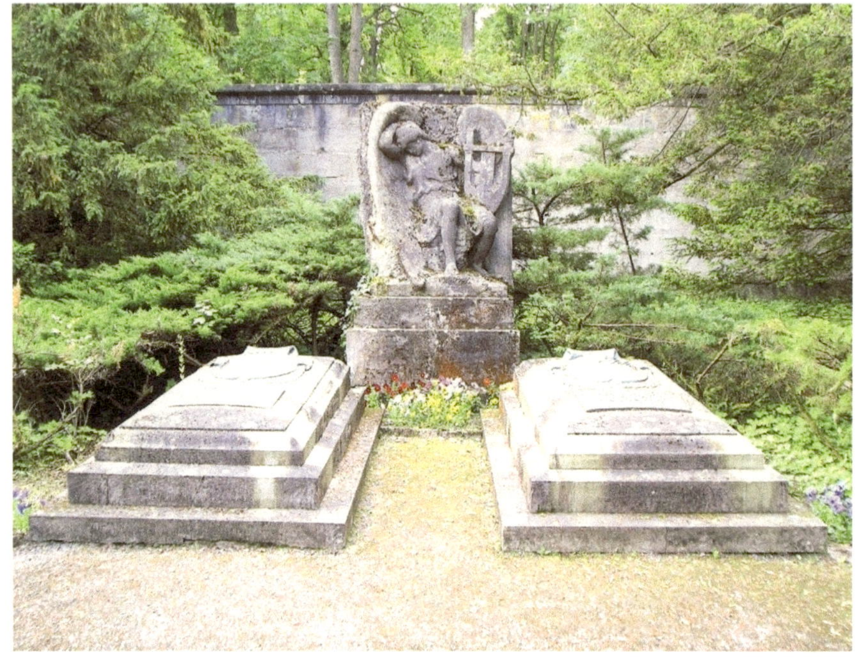

Grabanlage von Herzog Georg II. und Helene Freifrau von Heldburg

16. DÜSTERE ZEITEN IM „MUSTERGAU“ THÜRINGEN

Die wohl berühmteste Meiningerin der Zwischenkriegszeit ist Elisabeth Grümmer, die in Meiningen ihre Gesangslaufbahn begann. Ihr Vater war Reichsbahn-Beamter und sang im Chor des Meininger Theaters. 1934 ging Grümmer nach Aachen, wo Herbert von Karajan die Weichen für ihre internationale Karriere legte.

Ein wichtiger Orchesterleiter war zwischen 1926 und 1930 Heinz Bongartz, der nach Kriegsende viele Jahre die Dresdner Philharmoniker leiten sollte. Er kämpfte energisch um die Ausstattung und Anerkennung seines Ensembles. Immer wieder legte er sich mit dem Weimarer Kulturministerium an, das den Vertrag des lästigen Dirigenten schließlich nicht verlängerte.

Es folgte Gustav Schlemm, der sich mühte, das musikalische Niveau zu halten sowie jüdische und „entartete“ Komponisten in den Programmen zu belassen. Doch nachdem Schlemm im Februar 1933 den von Goebbels als „atonalen Geräuschemacher“ beschimpften Komponisten Paul Hindemith eingeladen hatte, sein eigenes Bratschenkonzert als Solist aufzuführen, wurde er von den Nationalsozialisten entlassen. Unterdessen wurde 1934 auch der Henneberger Sängerbund aufgelöst.

Alfred Irmler, überzeugter Nationalsozialist, rückte auf Gustav Schlemm nach. Doch auch er konnte sich nicht lange halten, da er sich auf Musikveranstaltungen konzentrierte und den Theaterbetrieb links liegen ließ. 1935 wurde er durch Max Stumböck ersetzt, der von der Thüringer Landeskapelle aus Rudolstadt kam. Nun hatte die NSDAP das Landestheater fest im Griff. Intendant wurde Egon Schmid, der Leiter der „Landespropagandastelle für die Thüringer Theater“ im nationalsozialistischen „Mustergau“ Thüringen.

Für das neue Gauforum in Weimar wünschte sich die Thüringer Gauleitung ein Orchester. Man plante zu diesem Zweck, die Orchester von

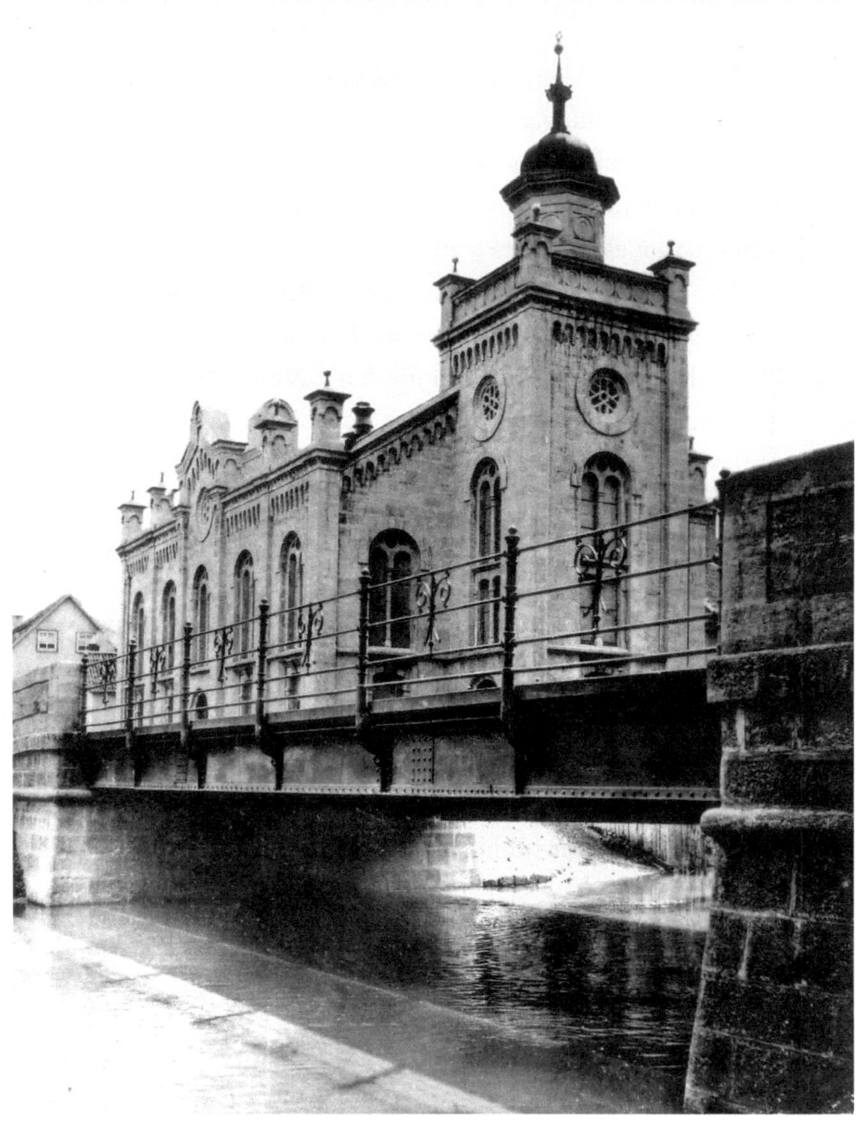

Jüdische Synagoge

Weimar und Meiningen zu fusionieren. Das konnten die Meininger Musiker aber geschickt abwenden. Am 30. Januar 1939, dem Jahrestag der „Machtergreifung“, gaben sie ein großes Konzert mit Musik von Richard Wagner. Aus diesem Anlass reiste Winifred Wagner, die von sämtlichen Nazigrößen hofiert wurde, aus Bayreuth an. Die Orchestermitglieder baten die Schwiegertochter des großen Komponisten um Hilfe. Winifred griff im Intendanzbüro zum Telefon und rief Hitler an. Mit dem Argument, dass die Meininger Hofkapelle einst die Bayreuther Festspiele möglich gemacht habe, überzeugte sie Hitler zu dem Schritt, die Thüringer Verwaltung zurückzupfeifen.

Fortan ging der Theater- und Opernbetrieb seinen Gang – ganz im Sinne der 1939 von Reichspropagandaminister Goebbels ausgerufenen Anordnung, Ärger und Unruhe an der „Heimatfront“ zu vermeiden.

Noch in den ersten Kriegsjahren gab es große Musik-Ereignisse in Meiningen. Die international bekannte Pianistin Elly Ney spielte Beethoven, und der komponierende Pianist Wilhelm Kempff dirigierte eigene Werke. Der große Dirigent Hermann Abendroth leitete die Kapelle. Der Bariton Kurt Rehms, der später in Bayreuth und an der Berliner Staatsoper Furore machte, kam aus dem Lazarett auf die Bühne.

Anfang 1944 übernahm der 18-jährige Robert Hanell das Amt des musikalischen Oberleiters, bis Thüringens Gauleiter Fritz Sauckel am 6. April 1944 die Schließung sämtlicher Theater anordnete. Bei dem verheerenden Luftangriff auf Meiningen am 23. Februar 1945 entging das Theater nur knapp der Zerstörung. Hanell sollte unter Walter Felsenstein an der Komischen Oper Berlin Karriere machen. Später übernahm er die Leitung des Rundfunkorchesters Berlin.

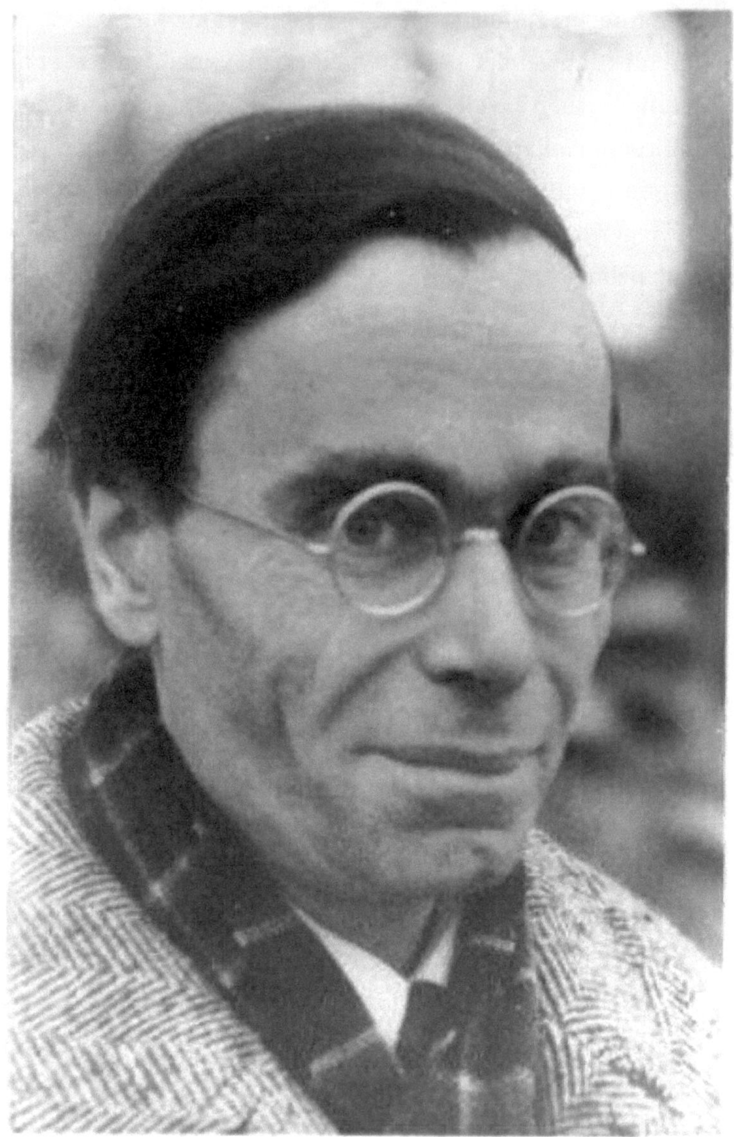

Günter Raphael

17. DER KOMPONIST GÜNTER RAPHAEL WIRD SCHIKANIERT

In den Jahren des Nationalsozialismus lebte der Komponist Günter Raphael in Meiningen. Raphael, Jahrgang 1903, hatte beim Leipziger Thomanerchor Musiktheorie unterrichtet. Seinen Durchbruch als Komponist erlebte er mit seiner Ersten Sinfonie, deren Uraufführung Wilhelm Furtwängler im Jahr 1926 im Leipziger Gewandhaus dirigierte.

Thomaskantor Karl Straube hatte ihn sogar als Nachfolger im Sinn, doch als „Halbjude" verlor Raphael 1934 seine Leipziger Stelle. Er zog nach Meiningen, wo seine Frau, die dänische Pianistin Pauline Jessen, an einer privaten Musikschule unterrichtete. Zwischen 1935 und 1937 organisierten die beiden Konzerte in der Elisabethenburg. Unterstützung erhielten sie von dem alten Prinzen Ernst von Sachsen-Meiningen, Lieblingssohn des Theaterherzogs, der kunstversessen und ein begabter Maler war.

Doch der Städtische Musikbeauftragte Ottomar Güntzel versuchte, diese Konzerte zu verhindern. Nach Güntzels Insistieren bei verschiedenen Stellen erhielt Raphael 1939 Berufsverbot. Dennoch komponierte er weiter und fand in den Meininger Jahren zu seinem eigenen spätromantischen Stil.

Die Lage der Familie Raphael wurde immer schwieriger, zumal sich der Komponist mit Tuberkulose infizierte. Er musste sich Operationen und Sanatoriumsaufenthalten unterziehen. Ab 1941 wurde er von der SS verfolgt. Mehrmals konnten ihn nur die Ärzte vor einer Deportation schützen. 1944 zog Raphael mit der Familie ins Hessische Bad Nauheim, wo sein einstiger Schüler Kurt Hessenberg für ihn sorgte. Hessenberg konnte unveröffentlichte Werke aus Raphaels Meininger Zeit bei Verlagen und Rundfunksendern unterbringen.

In den Achtzigern ehrte die Stadt Meiningen den Komponisten Günter Raphael mit einer Gedenktafel an seinem Wohnhaus in der Helenenstraße 23 sowie mit der Benennung einer Straße.

18. WAGNER, BRECHT UND KINDEROPERN IN DER DDR

Nach Kriegsende gehörte Thüringen zunächst zur amerikanischen Besatzungszone. Meiningen war eines der ersten deutschen Theater, die nach dem Krieg den Spielbetrieb wieder aufnahmen. Bereits am 2. Juni 1945 beglückte man die Sieger mit einer „Dancing Show for the American Soldiers“. Knapp zwei Wochen später dirigierte Peter Schmitz, Chefdirigent bis 1952, das erste Abonnement-Konzert.

Nach dem Besatzungswechsel hatten ab 4. Juli die sowjetischen Kulturoffiziere das Sagen. Künstlerisch ging es bergauf. Nach und nach füllte sich das Orchester mit Kriegsheimkehrern. Ottomar Güntzel, im Nationalsozialismus Meiningens gefolgstreuer Städtischer Musikbeauftragter, saß unterdessen fest im Sattel. Er leitete das Max-Reger-Archiv und wurde 1956 zum Ehrenbürger der Stadt ernannt.

Als die neu gegründete Deutsche Demokratische Republik ihre Verwaltungseinheiten schuf, wurden Theater und Orchester dem Bezirk Suhl unterstellt. Hochkarätige Musiker leiteten das bald 80 Musiker umfassende Orchester bei Opernaufführungen und den jährlich sechs bis acht Sinfoniekonzerten. Ab 1952 stand Ulrich Haverkamp am Pult, ein Schüler des großen Hermann Abendroth.

Zur selben Zeit wurde das Orchester dem Meininger Theater angegliedert und bekam den Namen „Orchester des Meininger Theaters“. Erstmals gab es nun einen professionellen Opernchor, denn zuvor hatten Laien die Chöre in Opern, Operetten und Konzerten gesungen.

1956 kam Rolf Reuter nach Meiningen, der später als Generaldirektor der Komischen Oper Berlin Furore machen sollte. Neben Kurt Masur und Kurt Sanderling gilt er als einer der bedeutendsten Dirigenten der DDR. Während seiner fünf Jahre in Meiningen legte Reuter das Fundament für seine Karriere. Er führte die großen Opern des 18. und 19. Jahrhunderts auf, holte aber auch zeitgenössische Werke auf die Bühne, zum Beispiel

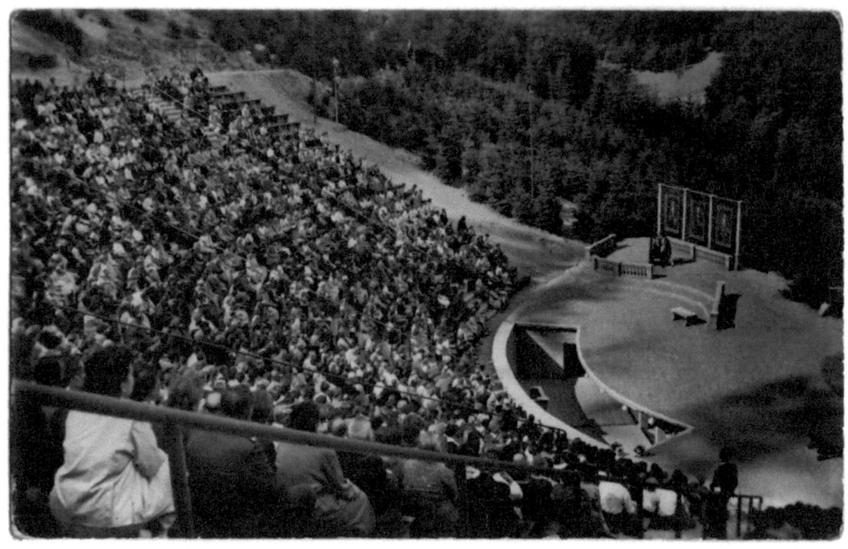

Naturtheater Meiningen

von Paul Dessau. 1958 brachte er in Meiningen die Dritte Sinfonie seines Vaters Fritz Reuter zur Uraufführung, der als einer der wichtigsten Musikpädagogen des 20. Jahrhunderts auch selbst komponierte.
In seiner Meininger Zeit konnte sich Reuter, ohne Reisen und sonstige Verpflichtungen, ganz auf die künstlerische Arbeit konzentrieren. Er gab hier auch Jugendkonzerte und arbeitete mit Laienchören. Überhaupt war die Kinder- und Jugendarbeit des Meininger Theaters vorbildlich. Zu DDR-Zeiten bestand ein Drittel des Publikums aus Kindern!
Bald hatte das Meininger Theater auch eine sommerliche Freiluftbühne im Grünen. Zwischen den Dörfern Steinbach und Langenbach, mitten im Thüringer Wald und unweit des Rennsteig, wurde 1957 eine Naturbühne mit 3000 Sitzplätzen eingeweiht, die offiziell den Namen „Naturtheater Deutsch-Sowjetische Freundschaft" trug. Zur Eröffnung gab es Webers Oper „Der Freischütz". Bis 1991 wurde die Freiluftbühne regelmäßig vom Meininger Theater bespielt.
Ab Mitte der Fünfziger Jahre entwickelte sich das Meininger Theater zur wichtigsten Brecht-Bühne neben dem Berliner Ensemble. Hier ging 1958 die DDR-Erstaufführung der „Dreigroschenoper" über die Bühne. Den Mackie Messer spielte Frido Solter, der bald am Deutschen Theater in Berlin seine Karriere als Schauspieler und Regisseur starten sollte.
Neuer Chef des Orchesters wurde 1961 Olaf Koch, Sohn eines Kali-Kumpels aus dem nordthüringischen Sondershausen. Er identifizierte sich mit der kultur-

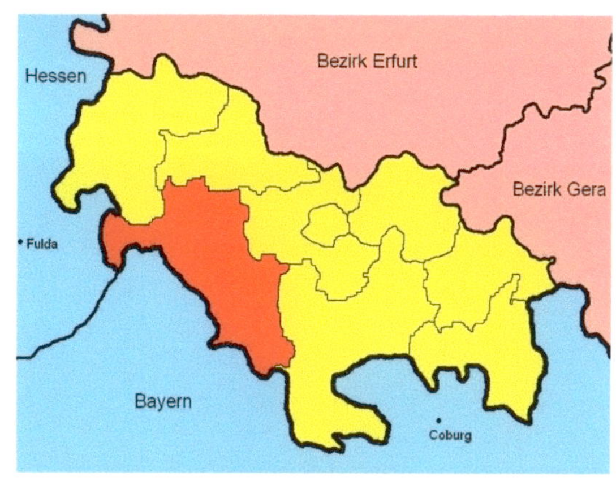

DDR-Bezirk Suhl (gelb) mit dem Kreis Meiningen (rot)

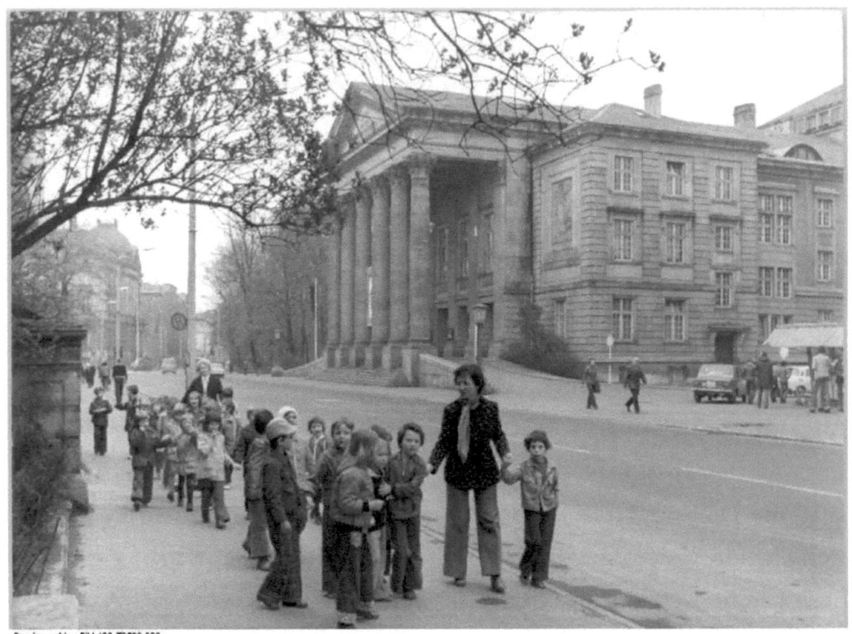

Bundesarchiv, Bild 183-T0509-023
Foto: Schaar, Helmut | Mai 1978

Meininger Theater 1978

politischen Maxime der DDR, dass die Kunst den einfachen Menschen erreichen müsse. Zugleich war sein autoritärer Führungsstil am Theater umstritten.

Olaf Koch liebte die großen italienischen Opern von Verdi und Puccini, für deren Aufführungen er exzellente Belcanto-Solisten aus Ungarn oder Bulgarien nach Meiningen holte. Später übernahm Koch das Sinfonieorchester in Halle/Saale, dem er über zwei Jahrzehnte hinweg im gesamten Ostblock zu Anerkennung verhalf.

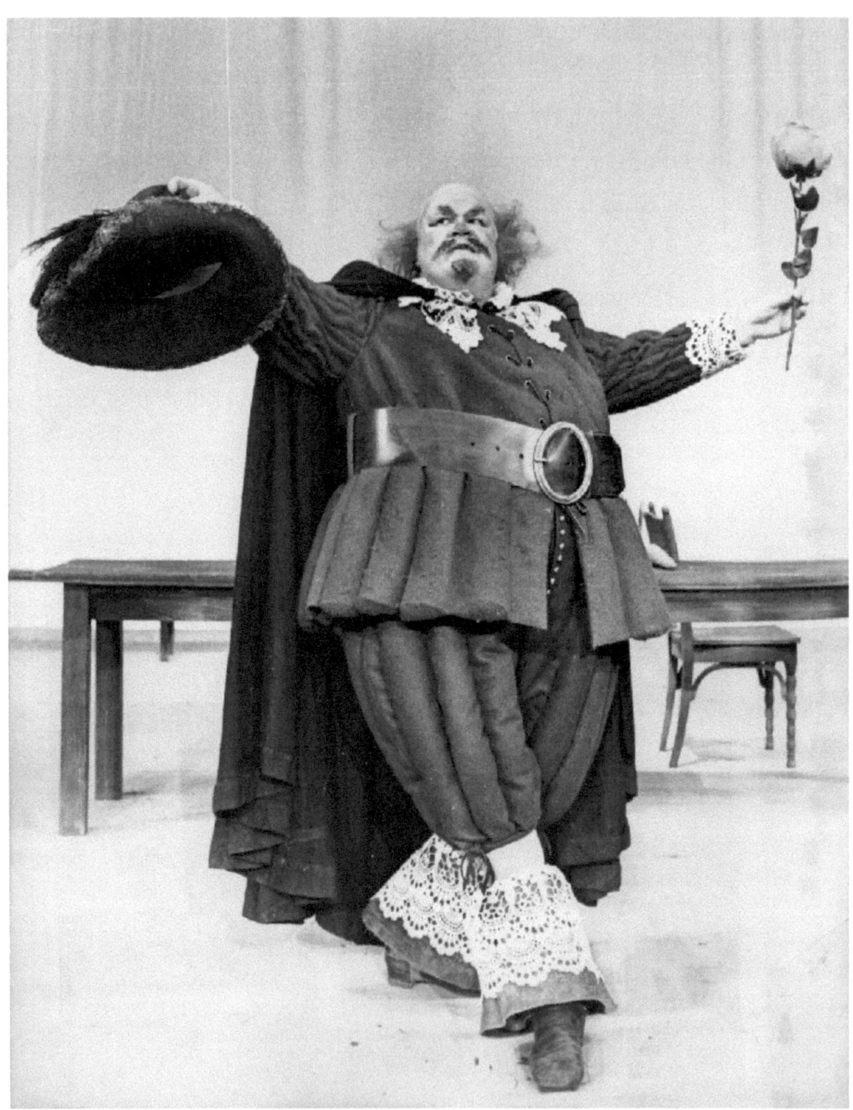

Günther Hofmann

19. HOCKE UND HOFMANN – EIN DUO DER BESTÄNDIGKEIT

Nach diesen Wechseln an der Spitze des Orchesters zog nun Beständigkeit ein. 1967 übernahm Wolfgang Hocke die musikalische Leitung, die er bis 1995 innehaben sollte, stolze 36 Jahre! Hocke komponierte selbst und ließ etliche seiner Werke in Meiningen uraufführen. Zum Beispiel seine Kinderopern „Sechse kommen durch die Welt" und „Der gestiefelte Kater", die auch anderswo in der DDR gerne inszeniert wurden.

Im Konzertleben setzte sich Hocke für die Musik seines Amtsvorgängers Max Reger ein. Im Bereich der Oper widmete er sich intensiv Richard Wagner, wobei er in Günther Hofmann einen gleichgesinnten Partner fand.

Hofmann war 1954 als 27-jähriger Bassbariton ans Meininger Theater gekommen, wo er auf verschiedenen Posten sein gesamtes Berufsleben verbringen sollte. In der DDR waren solche Künstler, die über Jahrzehnte hinweg „ihr" Theater prägten, durchaus typisch.

Im Laufe der Zeit übernahm Hofmann über hundert Opernrollen und entwickelte sich als Heldenbariton zum Meininger Wagner-Sänger schlechthin. Ab 1974 übernahm er auch die Leitung der Musik-Sparte und führte häufig selbst Regie.

Im Duo brachten Regisseur Hofmann und Dirigent Hocke die großen Wagner-Musikdramen auf die Bühne und machten Meiningen zu einem Wagner-Zentrum in der DDR. Zu den Wagner-Jubiläen 1963 und 1983 gab es Festwochen mit mehreren Musiktheater-Aufführungen. Eine riesige Kraftanstrengung für das kleinstädtische Theater – das, wie in der DDR üblich, nicht etwa Gastsolisten einlud, sondern sämtliche Partien aus den eigenen Reihen besetzte. In den „Meistersingern von Nürnberg" wurde der Chor sogar von Angestellten aus der Theater-Verwaltung verstärkt!

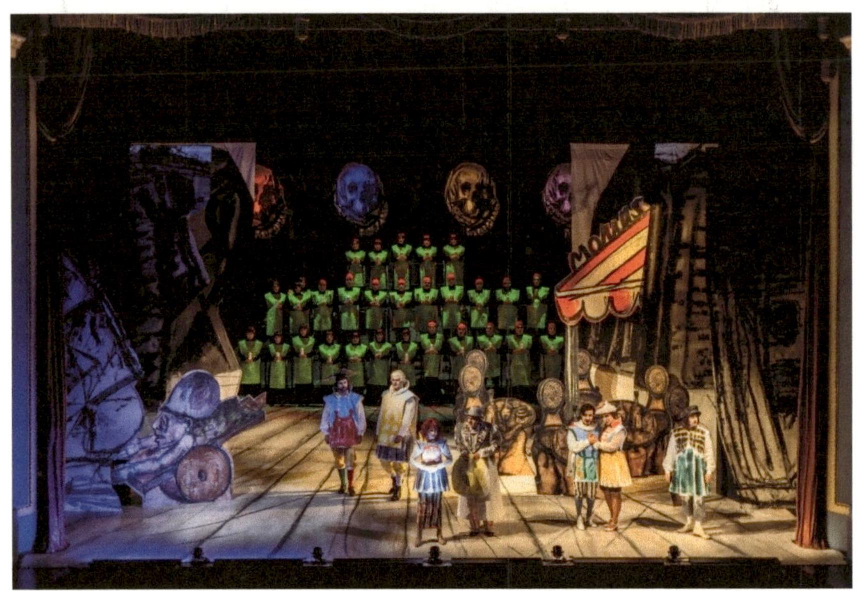

La Bohème

20. NACH DER WENDE – „DAS WUNDER VON MEININGEN“

In den neunziger Jahren wurden zahlreiche Theater und Orchester auf dem Gebiet der DDR fusioniert, verkleinert oder gleich ganz aufgelöst. Dass das Meininger Theater diesem Schicksal entgehen konnte, lag auch an der Nähe zu Bayern und Hessen – bald nach der „Wende“ kam ein Drittel des Meininger Publikums aus den alten Bundesländern.

Die Kapelle, die zu den ältesten Klangkörpern Europas gehört, feierte 1990 ihr 300-jähriges Bestehen. Inzwischen trägt sie wieder ihren historischen Namen „Meininger Hofkapelle“.

1990 übernahm der Dramaturg Ulrich Burkhardt, der fünf Jahre zuvor aus der DDR nach Westdeutschland ausgewandert war, die Intendanz. Ihm zur Seite stand das bewährte Duo: Günther Hofmann als Regisseur und Wolfgang Hocke als Dirigent.

Anders als im DDR-Theaterbetrieb, der die Möglichkeiten des hauseigenen Ensembles nutzte, wurden nun auch auswärtige Künstler und Regisseure eingeladen. Es war und ist dabei nicht leicht, die verschiedenen Anforderungen unter einen Hut zu bekommen. Man will zeitgenössisches Theater mit überregionaler Ausstrahlung bieten, Touristen anlocken, zugleich aber die Besucher aus Meiningen und der näheren Umgebung ansprechen. Die Rechtfertigung, dass sich das kleine Städtchen einen Mehr-Sparten-Betrieb leistet, muss täglich erbracht werden.

Mit einer Mischung von Eingängigem und Anspruchsvollem gelang es dem Nachwende-Intendanten Ulrich Burkhardt, das Theater aus der Besucher-Talsohle zu holen. Dazu trug auch seine Begeisterung für das Musical-Genre bei. 1997/98 wird schließlich die Marke von 200.000 jährlichen Besuchern geknackt. Die Medien schreiben über „Das Wunder von Meiningen“.

August Everding, Generalintendant der Bayerischen Staatstheater, inszeniert Wagners „Meistersinger", 17 Mal volles Haus. Der griechische Komponist Mikis Theodorakis zeigt seine „Medea", acht Mal ausverkauft. Vicco von Bülow alias Loriot bringt an der Wirkungsstätte seines dirigierenden Vorfahren Hans von Bülow sein Singspiel „Martha" auf die Bühne. Der umstrittene Regisseur Peter Konwitschny erregt Aufsehen mit seiner zum psychologischen Kammerspiel gewendeten „Aida".

Unterdessen übernahm 1995 erstmals eine Frau die Leitung der Hofkapelle: die Schweizer Flötistin und Dirigentin Marie-Jeanne Dufour. Einen Höhenflug erlebte das Theater, als es von 1998 bis 2002 von Christine Mielitz, der vorherigen Chefregisseurin der Komischen Oper Berlin geleitet wurde. Mielitz holte sich als Dirigenten den gerade mal 27-jährigen Kirill Petrenko an die Seite. Für Petrenko, der inzwischen die Berliner Philharmoniker leitet, war Meiningen der erste Schritt zur Weltkarriere. Heute spricht er von seiner Meininger Zeit als „unschätzbaren Lehrjahren". Schon hier machte er mit seiner peniblen Probenarbeit und Detailversessenheit von sich reden. Auch die junge lettische Mezzosopranistin Elīna Garanča nutzte Meiningen als Sprungbrett auf die besten Opernbühnen. Sie wurde 1998 gleich nach ihrem Studium engagiert und machte in Meiningen in der „Hosenrolle" des Octavian in Richard Strauss' „Rosenkavalier" Furore.

Unter Christine Mielitz dominierte erstmals in der Geschichte des Meininger Theaters in jeder Hinsicht die Oper. Das wichtigste Projekt unter ihrer Intendanz war Richard Wagners „Der Ring des Nibelungen".

Zunächst wurde der Plan, dieses Großprojekt von 16 Stunden Musik mit vorwiegend hauseigenen Kräften zu stemmen, für Größenwahn gehalten. Zumal die Teile, wie eigentlich von Wagner vorgesehen, erstmals seit der Uraufführung 1876 an vier aufeinanderfolgenden Abenden über die Bühne gingen. Als die Tetralogie im April 2001 Premiere hatte, kam immerhin die Hälfte der Solisten vom Ensemble der Meininger Oper. Die Inszenierung sorgte europaweit für Begeisterung.

Spannungsreich verlief hingegen 2003 bis 2005 die Intendanz des Schweizers Res Bosshart, der große Teile des Personals austauschte. Sein Chefregisseur Sebastian Baumgarten polarisierte mit provokantem zeitgenössischen Regietheater das Publikum. Zugleich musste gespart werden, und das Ballett-Ensemble wird aufgelöst. Man kooperiert seither mit dem Eisenacher Theater.

In ruhiges Fahrwasser führte dann Ansgar Haag das Theater in seiner 16 Jahre währenden Intendanz. Mit pragmatischer Herangehensweise und erfolgreichen eigenen Inszenierungen schaffte er die Balance, verschiedene Publikumsgruppen anzusprechen. 2008 gab es den renommierten „Faust“-Preis des Deutschen Bühnenvereins für Richard Strauss‘ „Elektra“ in der Inszenierung von Andrea Moses.

2010 wurde der Schweizer Dirigent Philippe Bach Generalmusikdirektor der Hofkapelle, die 2015/16 ihr 325-jähriges Bestehen feierte. Unter Bachs Dirigat legte der Österreicher Andreas Schager 2013 als „Tristan“ das Fundament für seine weltweite Karriere als Wagner-Heldentenor.

Zu Philippe Bachs Nachfolger wurde 2022 der 28-jährige Killian Farrell ernannt. Der Ire, der als Kapellmeister von der Stuttgarter Oper kommt, tritt den Posten mit der Saison 2023/24 an.

Derzeitiger Intendant ist Jens Neundorff von Enzberg, der bereits nach seinem Studienabschluss als Dramaturg in Meiningen tätig war und seine erste Intendanz am Theater Regensburg innehatte. Während seiner ersten Meininger Spielzeit 2021/22 gelang ihm gleich ein Coup, indem er den Maler Markus Lüpertz einlud, sich erstmals als Opernregisseur auszuprobieren und Puccinis „La Bohème“ zu inszenieren.

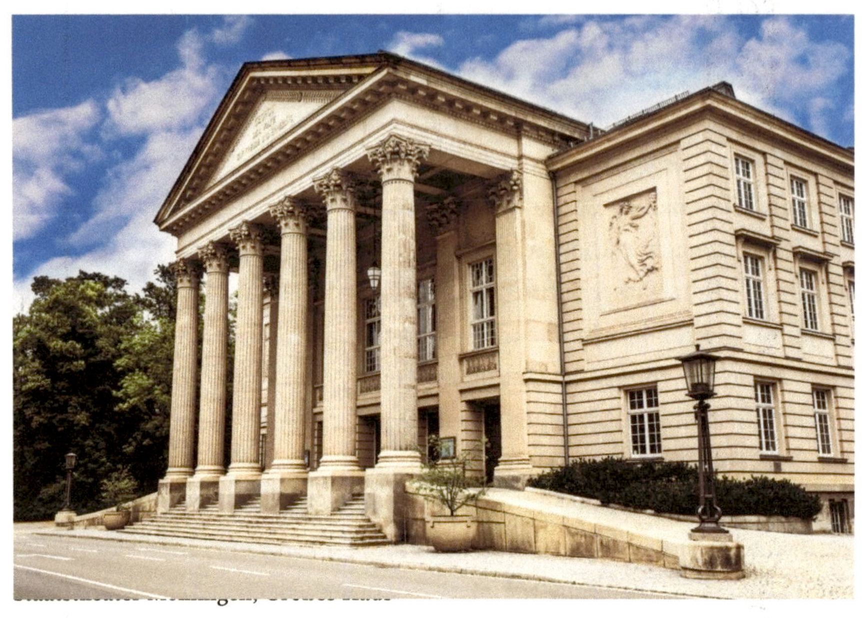

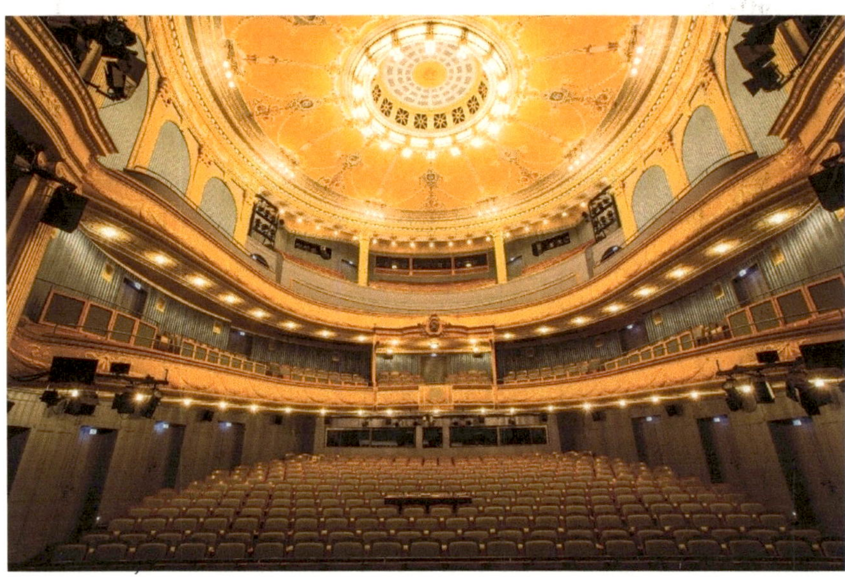

21. DAS WUNDER GEHT WEITER

Das „Wunder von Meiningen" ist nicht etwa eine Erfindung des Feuilletons. Musik und Theater gehören in Meiningen zum Alltag und sind jederzeit Stadtgespräch. Hier geht es nicht um das „Sehen und gesehen werden" unter Kultur-Snobs. Jeder Einwohner kennt jemanden, der im Orchester spielt, im Chor singt oder Kostüme schneidert. Alle Meininger sind irgendwie mit dem Theater verwandt, verschwägert, verbandelt. Das Theater ist nicht nur einer der größten Arbeitgeber im Ort, sondern dient gleichsam als gute Stube der Stadt. Hier genießt man Goethe und Mozart wie anderswo Kaffee und Kuchen.

LITERATURHINWEISE

Bach, Johann Ludwig: „Trauermusik auf den Tod Herzog Ernst Ludwigs von Sachsen-Meiningen“, Audio-CD, Harmonia Mundi 2011.

Erck, Alfred / Schneider, Hannelore: „Adelheid. Die Meiningerin auf dem englischen Königsthron. Ein Frauenschicksal während der 1. Hälfte des 19. Jahrhunderts“, Meiningen: Bielsteinverlag 2004.

Erck, Alfred / Schneider, Hannelore: „Georg II. von Sachsen-Meiningen. Ein Leben zwischen ererbter Macht und künstlerischer Freiheit“, Zella-Mehlis: Heinrich-Jung 1997.

Erck, Alfred: „Geschichte des Meininger Theaters“, Meiningen: Südthüringisches Staatstheater 2006.

Erck, Alfred / Schneider, Hannelore: „Musiker und Monarchen in Meiningen 1680 bis 1763“, Meiningen: Bielsteinverlag 2006.

Fesser, Gerd: „Thüringen – das ‚verschwundene‘ Land“, Jena: Bussert & Stadeler 2022.

Gann, Christoph: „Der Komponist Günther Raphael in der NS-Zeit“, in: „Verfolgte Musiker im nationalsozialistischen Thüringen. Eine Spurensuche“, hrsg. von Helen Geyer, Maria Stolarzewicz, Weimar: Böhlau 2020 S. 109ff.

Glöckner, Christian: „Die Reger-Orgel in der Meininger Stadtkirche“, URL: www.kim-net.de/evangelisch-lutherische-gemeinde/stadtkirche-orgel/reger-orgel/ (26.10.2022).

Goltz, Maren: „Bach, Bülow, Brahms, Wagner und Reger in Meiningen“, Meininger Museen 2011.

Goltz, Maren: „Der Meininger Bach. Knatsch in der Hofkapelle“, in: Freies Wort 29.03.2021, S. 13.

Goltz Maren / Herta Müller: „Meiningen“, in: „Kulturelle Entdeckungen Musikland Thüringen“, hrsg. von Sparkassen-Kulturstiftung Hessen-Thüringen, Regensburg: Schnell & Steiner 2020, S. 113ff.

Goltz, Maren: „Die Musikinstrumenten-Sammlung der Meininger Museen“, Meiningen 2012, URL: www.db-thueringen.de/receive/dbt_mods_00021329 (26.10.2022).

Goltz, Maren: „Musiker-Lexikon des Herzogtums Sachsen-Meiningen (1680-1918)“, 3. erweiterte Version, Meiningen 2012, URL: www.db-thueringen.de/servlets/DerivateServlet/Derivate-24956/goltz_musikerlexikon_3.pdf (26.10.2022).

Goltz, Maren: „Die Wiener Libretti-Sammlung des Herzog Anton Ulrich von Sachsen-Meiningen“, Meiningen 2008, URL: www.db-thueringen.de/receive/dbt_mods_00011478 (26.10.2022).

Grossmann, Midou: „Hans von Bülow – der erste Pultstar“, in: „Die Tonkunst. Das monatliche Online-Magazin für klassische Musik“, Jahrgang 3, Januar 2005, URL: www.midougrossmann.de/0501-hans_von_buelow.pdf (26.10.2022).

Hagedorn, Volker: „Bachs Welt. Die Familiengeschichte eines Genies“, Hamburg: Rowohlt 2016.

Hinrichsen, Hans-Joachim: „Des Meisters Lehrjahre. Der junge Richard Strauss und seine Meininger Ausbildungszeit bei Hans von Bülow“, in: „Richard Strauss. Der Komponist und sein Werk. Überlieferung, Interpretation, Rezeption“, hrsg. von Sebastian Bolz, Adrian Kech, Hartmut Schick, S. 17ff., München: allitera, 2017.

Hocke, Wolfgang: „Hinter den Kulissen. 36 Jahre am Meininger Theater“, Sondheim: Rainer Hartmann 1997.

Lückert, Katja: „Theater morgen: Wie viel zeitgenössisches Theater braucht der Osten? Ralf Fiedler, Chefdramaturg des Meininger Theaters, im Gespräch“, Deutschlandfunk, 22.08.2004, URL: www.deutschlandfunk.de/theater-morgen-wie-viel-zeitgenoessisches-theater-braucht-100.html (28.10.2022).

Popp, Susanne: „Max Reger. Werk statt Leben“, Wiesbaden: Breitkopf & Härtel 2015

Roterberg-Becker, Gabriele: „Günter Raphael zum 100. Geburtstag“, Vortrag auf dem nationalen ESTA Kongress am 18.10.2003 in der Evangelischen Akademie Hofgeismar, URL: https://www.guenter-raphael.de/pdf/vortrag_roterberg.pdf (27.10.2022)

ABBILDUNGSHINWEISE

Einleitung / Kleine Musikgeschichte von Meiningen

Staatstheater Meiningen, Marie Liebig.

Kapitel 1

Stadtkirche, Antje Rößler.

Ehemalige Obermühle, TU Dresden, Fachbereich Kunstgeschichte, Foto: Andrea Kiehn, https://www.deutschefotothek.de/documents/obj/90115700-tud, CC0 1.0 Universell Public Domain Dedication.

Kapitel 2

Elisabethenburg, Antje Rößler.

Kapitel 3

Landkarte Thüringen 1910, https://commons.wikimedia.org/wiki/File:THUERINGEN.png, Autor: Störfix, GNU Free Documentation License.

Anton Ulrich von Sachsen-Meinigen, Foto: Manfred Koch, Meininger Museen, http://www.museen.thueringen.de/Objekt/DE-MUS-874415/lido/dc00001755, CC BY-SA 4.0.

Kapitel 4

Portrait of German-born United States violinist Jean Joseph Bott (1826-1895), 1895, aus: „Musician Bott‘s Violin“, The New York Times, 06.07.1895.

Schloss Altenstein, Foto: Rainer Lippert, https://commons.wikimedia.org/wiki/File:Schloss_Altenstein,_2.jpg, CC0 1.0 Universal Public Domain Dedication.

Kapitel 5

Gemälde: „Adelaide of Saxe-Meiningen (1792-1849), queen of the United Kingdom“, John Simpson, 1832, Brighton and Hove Museums and Art Galleries, gemeinfrei.

Theater-Brand am 5. März 1908, Rückseite des Theaters, Staatstheater Meiningen, Archivfoto.

Kapitel 6

„Henneberger Haus“ mit fränkischem Fachwerk in Meiningen, Foto: Kramer96, https://commons.wikimedia.org/wiki/File:Henneberger-2011W.jpg?uselang=de, GNU Free Documentation License.

„Der Landsberg bei Meiningen“, aus: „Die Gartenlaube“, Leipzig: Ernst Keil‘s, 1858, S. 457.

Samische Schamanentrommel, Gesamtaufnahme Vorderseite, Meininger Museen, https://www.deutsche-digitale-bibliothek.de/item/GHWMXRR3Y3YHGUOLELA4H-PA3EHR7CMJM, CC BY-SA 4.0.

Kapitel 7

Herzog Georg II. von Sachsen-Meiningen mit Ehefrau Helene von Heldburg am Klavier, Meininger Museen, mm_th_rz01_0046, CC BY-SA 4.0.

Büste Herzog Georgs II. von Sachsen-Meiningen (1826-1914), Meininger Museen, https://www.deutsche-digitale-bibliothek.de/item/FFEVXIW5CEZF5EGSAKC45H-VE72WWRHBU, CC BY-SA 4.0.

Herzog Georg II. von Sachsen-Meiningen (1826-1914), Meininger Museen, https://www.deutsche-digitale-bibliothek.de/item/4CKM6HVGTFU5WCQX-MC4FEH5LZW73GPRM, CC BY-SA 4.0.

Kapitel 8

Bühnenprospekt Hamlet, Meininger Museen: Theatermuseum, „Zauberwelt der Kulisse“, Gebrüder Brückner – Atelier für Bühnenbilder, Datensatznummer: 1067, CC BY-NC-SA.

Kapitel 9

Scherenschnitt Hans von Bülow, von Otto Böhler, Meininger Museen, mm_rz05_11842, CC BY-SA 4.0.

Kapitel 10

Johannes Brahms-Porträt, Foto: M. Würker, Staatliche Kunstsammlungen Dresden, Deutsche Fotothek, https://www.deutsche-digitale-bibliothek.de/item/IEVNEJWNJ-QSVB7NROCF5SY5VEF7FMUCJ, Public Domain Mark 1.0.

Kapitel 11

Grab von Richard Mühlfeld auf dem Meininger Parkfriedhof, Künstler: Reinhold Felderhoff, Foto: Antje Rößler.

Kapitel 12

Hüftporträt Richard Strauss, Fotografie von Gebr. Lützel, München 1896, Deutsche Fotothek, https://www.deutsche-digitale-bibliothek.de/item/IEVNEJWNJQSVB7NROCF5SY5VEF7FMUCJ, Public Domain Mark 1.0.

Kapitel 13

Postkarte Landesmusikfest, Meininger Museen, https://www.deutsche-digitale-bibliothek.de/item/PTWNYSFNBN53MWCVO7VVO5NU77EFCOP7, CC BY-SA 4.0.

Denkmal für Johannes Brahms in Meiningen, Bildhauer: Adolf von Hildebrand, Foto: Kramer96, https://commons.wikimedia.org/wiki/File:Brahmsdenkmal.jpg, GNU Free Documentation License.

Kapitel 14

„Die Meininger Reger-Orgel von Martin Josef Schlimbach (1889) in der Stadtkirche Meiningen“, Foto: Erwin Meier, https://de.m.wikipedia.org/wiki/Datei:Meiningen_Stadtkirche_02.jpg, CC-Lizenz „Namensnennung – Weitergabe unter gleichen Bedingungen 3.0 nicht portiert“.

Kapitel 15

Gemeinsame Grabanlage von Herzog Georg II. und Helene Freifrau von Heldburg auf dem Parkfriedhof Meiningen, gestaltet von Ernst von Sachsen-Meiningen, gemeinsam mit Adolf von Hildebrand und dem Architekten Karl Behlert 1920, Foto: Kramer96, https://de.m.wikipedia.org/wiki/Datei:Georg_II._und_Ellen_Franz_-_Parkfriedhof_Meiningen.jpg, GNU-Lizenz für freie Dokumentation, Version 1.2.

Kapitel 16

Jüdische Synagoge in Meiningen, erbaut 1881-1883; zerstört in der Reichspogromnacht am 9.11.1938, Aufnahme zwischen 1895 und 1899, Foto: unbekannt, https://de.wikipedia.org/wiki/Datei:SynagogeMeiningen.jpg, gemeinfrei.

Kapitel 17

Porträt Günter Raphael, Meininger Museen, https://www.deutsche-digitale-bibliothek.de/item/76QMMXERT6CBDGP4NDSYTIGIQCFSIZVH, CC BY-SA 4.0.

Kapitel 18

Meiningen, Theater, Foto: Helmut Schaar, Allgemeiner Deutscher Nachrichtendienst - Zentralbild (Bild 183), ADN-ZB Schaar 9.5.1978 Bez. Suhl, Bundesarchiv, Bild 183-T0509-023, https://commons.wikimedia.org/wiki/File:Bundesarchiv_Bild_183-T0509-023,_Meiningen,_Theater.jpg, CC-BY-SA 3.0.

Karte DDR-Bezirk Suhl, Kreis Meiningen, Autor: Definitiv, https://commons.wikimedia.org/wiki/File:DDR-Bezirk-Suhl-Kreis-Meiningen.png, Public Domain.

Postkarte „Das Meininger Theater. Naturtheater Deutsch-Sowjetische Freundschaft", Kunstanstalt Straub & Fischer, Meiningen, Foto: R. Hildebrandt.

Kapitel 19

Günther Hofmann in der Titelpartie von Verdis Falstaff von 1972, Meininger Museen/Theatermuseum, Foto: Walter Hinghaus, https://commons.wikimedia.org/wiki/File:G%C3%BCnther-Hofmann-Falstaff-1972.jpg, CC Attribution-Share Alike 3.0 Unporte.

Kapitel 20

La Bohème Staatstheater Meiningen, Solisten und Opernchor des Staatstheaters Meiningen, Foto: Jochen Quast.

Kapitel 21

Staatstheater Meiningen, Großes Haus, Foto: Marie Liebig.

Staatstheater Meiningen, Zuschauersaal-Großes-Haus, Foto: Christian-Fischer.

Gefördert durch:

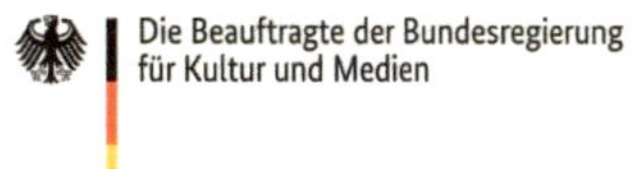

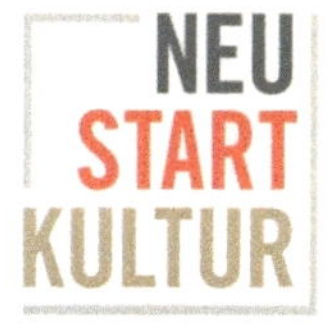

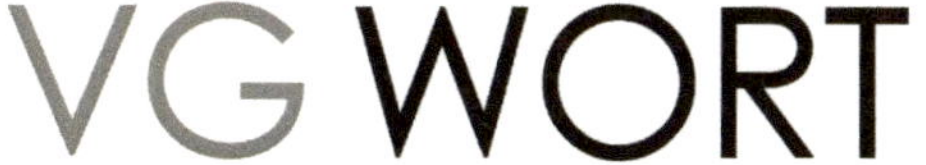